Berliner Arbeiten zur Erziehungs- und Kulturwissenschaft

Band 75

Herausgegeben von Christoph Wulf
Freie Universität Berlin
Fachbereich Erziehungswissenschaft und
Psychologie

Julia Thibaut

Bilder, nicht Abbilder

Eine Studie über das Missverständnis zwischen Referent
und Repräsentant in der Fotografie

Logos Verlag Berlin 2016

Bibliografische Information der Deutschen Nationalbibliothek

Die Deutsche Nationalbibliothek verzeichnet diese Publikation in der
Deutschen Nationalbibliografie; detaillierte bibliografische Daten sind
im Internet über http://dnb.d-nb.de abrufbar.

Umschlaggestaltung: Lothar Detges, Krefeld

ISBN: 978-3-8325-4334-1

Logos Verlag Berlin GmbH
Comeniushof, Gubener Str. 47,
10243 Berlin
Tel.: +49 030 42 85 10 90
Fax: +49 030 42 85 10 92
INTERNET: http://www.logos-verlag.de

Inhaltsverzeichnis

Abbildungsverzeichnis

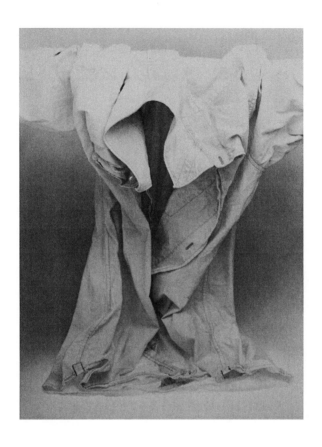

Wenn man nicht daran denkt, dass für dieses Bild ein weißes Hemd auf einer Stange aufgehängt und vor einer weißen Leinwand fotografiert wurde, dann könnte man es auch für ein lustloses, schlappes und den Kopf herabhängendes *Etwas* halten, dass vielleicht mehr an eine Christusfigur erinnert als an ein Hemd. Nichts anderes will diese Arbeit sagen. (Marco Baringer: analoge Großformatfotografie, 2011)

Vorbemerkung

"I have never taken a picture I've intended. They're always better or worse."

(Diane Arbus)

Diese Arbeit begann mit der Frage, wie es kommt, dass Fotografien einen im Hinblick auf das, was sie zeigen, so täuschen können. Bilder stellen zwar etwas dar, was man in der Außenwelt wiederfinden kann, aber sie tun dies auf eine subtile oder tückische Art. Der Gegenstand, der in einem Foto abgebildet wird, ist nicht selten in Bezug auf sein Aussehen, seine Farbe, seine Form oder seine Oberflächenstruktur im Bild ein ganz anderer als in seiner realen Erscheinung. In diesem Sinne spricht man häufig von einer „Täuschung" oder auch davon, dass etwas „auf dem Bild nicht so gut zu sehen ist" wie man es im Moment der Aufnahme wahrgenommen hat. Veränderte man die Perspektive auf diese Fragestellung, könnte man auch erwidern: Weshalb *sollte* ein Foto etwas so darstellen wie es zuvor gesehen wurde? Es handelt sich ja um ein Foto und nicht um den Gegenstand selbst.

In der vorliegenden Arbeit habe ich versucht, mir diese Fragen etwas genauer anzusehen: Wie wird mit Bildern umgegangen? Wofür werden sie eingesetzt? Und können Fotografien dem/der Betrachter/in noch etwas anbieten, das von ihren ursprünglichen Referenten völlig unabhängig ist? Dazu habe ich an einzelnen Bildern besonders die Komposition und Zusammenstellung des Bildraums untersucht. Eingangs habe ich drei Fotografien zu sehr ähnlichen Themen miteinander verglichen und mir die Frage gestellt, inwiefern sich diese Bilder trotzdem voneinander unterscheiden. Auf dieser sehr detaillierten Einführung baut die Arbeit auf. Mit Max Imdahl habe ich versucht, eine Form der Bildbeschreibung für die Fotografie nutzbar zu machen, die eigentlich aus der Malerei kommt. Ich denke, dass sie sich gut mit dem Vokabular Philippe

Dubois vereinbaren lässt und für das Verständnis von Fotografien sehr nützlich sein kann. In den darauf folgenden Abschnitten habe ich an ausgewählten Beispielen immer wieder Fotografien und ihre jeweilige Rezeption untersucht. Dabei war es mir besonders wichtig, auf klassische Texte der Bildinterpretation, wie die von Roland Barthes, Susan Sonntag und Walter Benjamin einzugehen und an ihnen den Umgang mit und den Einsatz von Fotografien zu diskutieren. Zum Abschluss nehme ich Bezug auf die Bildinterpretation der dokumentarischen Methode Ralf Bohnsacks, deren Analyseeinstellung mit den Ergebnissen dieser Arbeit sehr gut zu vereinbaren ist. Sollte es mir gelungen sein, zeigen die Ergebnisse dieser Untersuchung nicht nur die feinen Stellschrauben, die ein Bild von einem anderen unterscheidet, sondern sie zeigen auch die Eigenheiten der fotografischen Aufnahme selbst, die aus einer Person, einem Ort, einem Objekt immer die Person, den Ort, das Objekt einer Fotografie macht.

1. Drei unterschiedliche Fotografien zu einem Thema - die erste Fotografie

Die drei unten abgebildeten Fotografien gehen auf unterschiedliche Art und Weise mit dem Thema der *Enge* um. Alle drei Bilder zeigen die Innenansicht einer schmalen Gasse, bzw. den Zwischenraum von eng beieinander stehenden Häusern (vgl. Abb. 1-3). Drei unterschiedliche Orte wurden fotografiert. Die Orte in Bild eins und zwei wurden aus der Zentralperspektive aufgenommen und der Ort in Bild drei wurde aus der Froschperspektive (von unten aufblickend) aufgenommen.

Das erste Bild (Abb. 1) wirft den Blick in eine Gasse, die links und rechts durch längere Reihen eng beieinander stehender Häuser begrenzt ist. Die Dachkanten der Häuser sind abgeschnitten, dass heißt, die Häuser sind nur bis zur Höhe der ersten/zweiten Etage abgebildet. Da nicht nur die Gasse selbst (vermutlich durch Sonneneinstrahlung) beleuchtet ist, sondern auch die angrenzende Straße hell beleuchtet ist, wird der/die Betrachter/in des Bildes zum Ausgang der Gasse hin beinahe geblendet. Dadurch ist es nicht möglich, aus der Gasse hinaus auf die angrenzende Straße und die, der Straße gegenüberliegenden Gebäude zu blicken bzw. Verkehr und Personen an der Gasse vorbeifahren zu sehen. Kurz vor dem Ausgang der Gasse ist zusätzlich eine Person (möglicherweise zwei Personen hintereinander) zu sehen. Es ist nicht zu erkennen, ob diese in die Gasse hinein oder aus ihr heraus geht(en).

Das Licht, dass die Gasse beleuchtet (Sonneneinstrahlung) kann nicht im 90° Winkel, sondern muss leicht schräg, etwa im 75° oder 80° Grad Winkel von oben in die Gasse einfallen. Das ist daran zu erkennen, dass die rechten Häuserwände wesentlich heller und stärker beleuchtet sind als die linken Häuserwände, die durch den Winkel der Lichteinstrahlung im Schatten stehen. Da der *vordere* Bereich der linken Häuserwände (für den/die Bildbetrachter/in auf etwa zwei Dritteln der linken Bildhälfte) ebenfalls hell beleuchtet ist (obwohl er physikalisch gesehen im Schatten liegen müsste), muss die Fotografin zur Aufnahme des Bildes ein Blitzlicht verwendet haben, das zusätzlich diesen Teil belichtet. Auf die Art zeigen sich etwa zwei drittel der linken Bildhälfte und annähernd die ganze rechte Bildhälfte der Fotografie hell beleuchtet. Hervorstechend ist dabei ein schmaler, beinahe weißer Streifen im Zentrum des Bildes (vom unteren bis zum oberen Rand), der den hell beleuchteten Ausgang der Gasse und den Gassenboden darstellt. Lediglich das mittlere Drittel der linken Bildhälfte (in der Gasse die linken, hinteren Häuserwände, die im Schaden liegen) ist dunkler. Darüber hinaus haben die rechten Häuserwände eine durchweg helle, beige-graue Farbe. Das macht die rechte Gassenseite gegenüber der linken insgesamt heller. Demgegenüber sind die linken Häuserwände aus dunkelgrauem Putz und braunen Ziegelsteinen gemacht, was die linke Seite der Gasse insgesamt dunkler macht.

Abbildung 1: Enge Gasse (1)

Die beschriebene Farb- und Lichtverteilung (die farbliche Komposition des Bildes) lässt also die linke Bildhälfte, im Vergleich zur rechten Bildhälfte dunkler erscheinen. Zusätzlich werden beide Hälften durch den zentral geführten, von oben bis unten reichenden Streifen voneinander getrennt. Das heißt, der helle Gassenboden und der lichthelle Gassenausgang verbinden sich auf der bildlichen Ebene zu einer durchgehenden Linie, die die Fotografie mittig teilt. In der Fläche stehen sich also eine dunklere und eine hellere Bildhälfte gegenüber, die wie unsichtbar getrennt voneinander, beinahe schwebend nebeneinander erscheinen. Erst durch die mittige Ausdünnung des hellen Streifens, der Form einer Sanduhr ähnlich, wird er räumlich (zentralperspektivisch) als Gassenboden und Gassenausgang erkennbar. Unterstützt wird die räumliche Darstellung durch die Linienführung aller Horizontalen der abgebildeten Gasse (Fensterrahmen, Backsteinreihen der rechten Häuserwände etc.), die auf den Fluchtpunkt des Bildes (dem Punkt, in dem alle horizontalen Linien des abgebildeten Raumes im Bild zusammentreffen) zulaufen. Dieser wiederum ist durch die Abbildung der Person(en) (am Ende der Gasse), welche den rechten Winkel aus Gassenboden und Gassenausgang markiert(en), zusätzlich betont.

Der/die Bildbetrachter/in sieht sich also auf der einen Seite einer zweigeteilten Bildfläche gegenüber, welche mittig (kaum sichtbar) getrennt ist, und bei der die rechte Bildhälfte merklich heller ist als die linke. Auf der anderen Seite wird ihm/ihr durch die Art der Darstellung, das heißt, die Komposition des Bildes in Farbe und Form, die Möglichkeit gegeben, eine schmale Gasse zu erkennen, in die durch die obere Öffnung Sonnenlicht auf die rechten Häuserwände fällt und an deren Ende eine (ggf. zwei) Person(en) steht(en).

1.1 Die zweite Fotografie

Vergleicht man diese erste Fotografie mit der zweiten Fotografie (Abb. 2), so wird schnell deutlich, dass sich die Abbildung der Gasse im zweiten Bild stark von derjenigen im ersten Bild unterscheidet. Die beiden wesentlichen Unterschiede liegen in der Veränderung des Bildformates (vom Quer- zum Hochformat) und in der dunkleren Wand und Bodenfarbe (der Steine) der Gasse (in Bild zwei) begründet. Die Häuserwände und der Gassenboden sind hier aus dem gleichen Stein gemacht; das heißt, sie haben dieselbe (grau-schattierte) Farbe. Da in die Gasse selbst kaum Licht fällt (die Sonneneinstrahlung also so schräg sein muss, dass sie die Gasse nicht mehr trifft), liegen ihre dunklen Steine außerdem im Schatten. Lediglich in den vorderen Bereich der Gasse fällt ein wenig Licht; was bedeuten muss, dass der Fotograf auch hier Blitzlicht verwendet hat. Ein weiteres Indiz dafür findet sich am rechten Bildrand, oberhalb der Bildmitte, wo ein kreisrunder Lichtfleck auf der Hauswand (als Spiegel des Blitzes) zu erkennen ist. Die Tatsache, dass die Spiegelung Kreisrund an der Wand zu sehen ist und nicht von einem Punkt aus auffächernd in die Gasse hineinragt, zeigt, dass der Fotograf sich vor der Gasse, an deren Eingang befunden haben muss. Die parallele (nicht diagonale) Führung der Häuserwände zur rechten und linken Bildseite deutet ebenfalls darauf hin.

Abbildung 2: Enge Gasse (2)

Durch die farbliche und strukturelle Ähnlichkeit der Häuserwände und des Gassenbodens kommt es auf der bildlichen Ebene zu einer kompakten, u-förmigen Erscheinung: Die Wände gehen beinahe in den Boden über und formieren sich auf der ganzen Bildfläche zu einem dunklen Rechteck, in das vom Zentrum bis zum oberen Rand des Bildes ein heller, schmaler und ebenso rechteckiger Streifen eingeschnitten ist. Dieser Streifen stellt die hintere Öffnung der Gasse dar und gestaltet die u-förmige Erscheinung des dunklen Rechtecks auf der Bildfläche. Die Öffnung selbst gibt einen eingeschränkten Blick auf die angrenzende Umgebung, in der eine beigefarbene, der Gasse gegenüberliegende Hauswand sowie ein Strom- und ein Laternenmast, nebst Straßenlaterne zu sehen ist.

Die mittige Zweiteilung der Bildfläche in der ersten Fotografie ist in der zweiten Fotografie (besonders durch die Ähnlichkeit zwischen Gassenboden und Häuserwänden) nicht mehr gegeben. Das Bild ist vielmehr bausteinartig in drei ineinanderliegende Formen unterteilt. Differenziert man die kompakte U-Form aus Gassenboden und Häuserwänden noch einmal, entsprechend der unterschiedlichen Lichtverhältnisse, so zeigen sich drei sauber ineinander geschobene Bildflächen, die, zur Bildmitte hin kleiner werdend, den vorderen Gassenbereich, den hinteren Gassenbereich und den Gassenausgang darstellen. Dabei erstreckt sich die äußere Bildfläche u-förmig vom linken über den unteren bis zum rechten Bildrand; sie gibt den helleren, vom Blitzlicht beleuchteten Gassenbereich wieder. In diese hineingeschoben ist eine zweite, dunklere Bildfläche, die ebenso u-förmig zwischen der Bildmitte und dem oberen Rand des Bildes angesiedelt ist; sie stellt den hinteren, unbeleuchteten Gassenbereich dar. Schließlich in diese hineingeschoben ist eine dritte, vergleichsweise helle Bildfläche, die oberhalb des Zentrums bis zum oberen Rand des Bildes als Streifen oder längliches Rechteck angesiedelt ist; sie stellt die Öffnung der Gasse dar (s.o.).

1.2 Zwei Fotografien im Vergleich miteinander

Diese ineinandergeschobene Dreiteilung der Bildfläche lässt, im Vergleich zur Gegenüberstellung der rechten und linken Bildhälfte in der ersten Fotografie, den dargestellten Raum kürzer und enger erscheinen. Da der Gassenboden sich undeutlich von den Häuserwänden unterscheidet, ist ein perspektivisches Sehen erschwert. Obwohl die Darstellung des Bodens sich vom unteren Bildrand bis oberhalb des Bildzentrums verjüngt, das heißt, die Linien, die die Trennung zu den Häuserwänden darstellen zentralperspektivisch aufeinander zulaufen, lässt die farbliche Gestaltung des Bildes eine durchgehende Wahr-

Hälften links und rechts des durchgehenden Streifens) von dunkleren Dachkanten abgeschlossen. Darüber hinaus sind in die rechte Wand etwa vier und ist in die linke Wand ein Fenster in die Mauern eingelassen. Die Linienführung dieser Fenster, das heißt, ihrer Rahmen macht ganz wesentlich die Wiedererkennung der abgebildeten Formen als Zwischenraum zwischen zwei Häusern, der aus der Froschperspektive aufgenommen wurde, möglich. Entscheidend ist dabei, dass sich die Winkel der Fensterrahmen zum hellen Mittelstreifen von oben nach unten (also vom oberen Bildrand zum unteren Bildrand) verändern. Während das oberste Fenster auf der rechten Bildhälfte (zur Hälfte beschnitten durch den oberen Rand des Bildes) annähernd rechtwinklig zum Mittelstreifen verläuft, ist das unterste Fenster, ebenfalls auf der rechten Bildhälfte (beschnitten durch den unteren Rand des Bildes) in einem etwa 45° Winkel zum Mittelstreifen dargestellt. Diese Veränderung der Winkel deutet an, dass die Kamera nicht zentralperspektivisch ausgerichtet gewesen sein kann, sondern der Einfallswinkel schräg nach oben gerichtet war. Das Foto muss also aus der Froschperspektive aufgenommen worden sein.

Abbildung 3: Zwischenraum zwischen zwei Häusern

Diese Perspektive erklärt, weshalb der helle, durchgehende Streifen in Bild drei (die obere Öffnung der Häuserwände) beinahe parallel zu den Seitenrändern des Bildes verläuft. Durch die Froschperspektive hat sich der Fluchtpunkt des Bildes vom Zentrum (wie in der Zentralperspektive) zum oberen Rand verlagert. Damit trifft nicht die Horizontale des Gassenbodens auf die Vertikale des Gassenausgangs (wie in Bild eins und zwei), sondern umgekehrt die Vertikale der Häuserwände (wie an den Fensterrahmen und einigen Stromkabeln zu erkennen) trifft auf die Horizontale der oberen Gassenöffnung. Die obere Öffnung nimmt bildlich also eine vertikale Position ein, was den durchgehenden Streifen im Zentrum von Bild drei parallel zu den Seitenrändern der Fotografie stellt.

Obwohl sich der/die Bildbetrachter kompositorisch einer ähnlich aufgebauten Bildfläche wie in Bild eins gegenübersieht, führen die kleinen Unterschiede im Zuge der perspektivischen Veränderung zu einem ganz anderen Ausdruck der Fotografie. Die vertikalen Linien der Häuserwände führen bildlich auf einen Punkt, der sich, im Unterschied zur ersten Fotografie, nicht als Verlängerung der Gasse denken lässt. Der Fluchtpunkt kollidiert am oberen Bildrand mit den Dachkanten[2] und lässt den Blick an ihnen entlang und zurück auf die Häuserwände fallen. Diese führen umgekehrt wieder in Richtung Fluchtpunkt, zum oberen Bildrand, zu den Dachkanten, und von dort erneut zurück auf die Häuserwände usw., usw. Der/die Betrachter/in ist also förmlich zwischen der hellen Mittellinie und der rechten und linken Bildhälfte gefangen. So schafft es die Fotografie, eine starke Enge oder auch Begrenzung zum Ausdruck zu bringen.

---

2 Strenggenommen liegt der Fluchtpunkt am oberen Bildrand auf dem hellen Mittelstreifen, also zwischen den Dachkanten. Da dieser aber weiß ist, fallen die Dachkanten als erste Kollisionspunkte auf.

2. Die Positionierung des Ortes im Bildraum

Die Bildbeschreibungen in Kapitel eins hinterlassen fast den Eindruck als sei es nicht der/die Bildbetrachter/in der/die die Fotografien anschaut, sondern als schauten die Fotografien den/die Bildbetrachter an. Die kompositorische Gestaltung der Fotografien lässt in ihnen einige Bereiche hervortreten, verstärkt sie oder betont sie, während andere Bereiche im Hintergrund verbleiben. Der Ausdruck einer Fotografie entsteht damit als Folge ihrer formalen Komposition, das heißt, ihrer farblichen und grafischen Zusammensetzung. So ist es nur schwer möglich, in der dritten Fotografie einen wesentlich breiteren und weiträumigeren Ort wahrzunehmen als in der ersten Fotografie, oder umgekehrt im ersten Bild einen einengenderen, begrenzenderen Raum als im dritten Bild. Auf gleiche Art stellt das zweite Bild für die meisten Betrachter/innen wahrscheinlich einen kürzeren Ort dar als das erste Bild und das dritte Bild dürfte noch einmal einengender wirken als das zweite Bild.

Das heißt, unabhängig von persönlichen Zuschreibungen oder Assoziationen, die Bilder auslösen können, haben die Fotografien einen Ausdruck, der auch als eigentlicher Zusammenhang aller im Bild dargestellten Elementen bezeichnet werden könnte. Es geht um die Verbindung dessen, was zwischen den Seitenrändern und dem Zentrum eines Bildes dargestellt ist, um den Zusammenhang zwischen den (sichtbaren) Linien zum Fluchtpunkt und der Positionierung des Fluchtpunktes auf der Bildfläche, um die farbliche Absetzung oder Angleichung von Gegenständen im Bild untereinander, um die Vertikale und die Horizontale des abgebildeten Raumes, um ihr Verhältnis zu den Rändern des Bildes uvm. Der abgebildete Raum tritt damit in ein Verhältnis zu der zweidimensionalen Darstellung der Fotografie. In anderen Worten: der Raum (und ggf. die Personen) wird im Bild positioniert und gestaltet mit dieser Positionierung einen zweiten Raum, nämlich denjenigen, den das Foto zum Ausdruck bringt.

2.1 Die Komposition des Bildes mit Philippe Dubois

Philippe Dubois untersucht in seiner Studie zum „Fotografischen Akt"[3] die Folgen der Aufnahme einer Fotografie als sogenanntem „Schnitt durch den Raum".[4] Dubois unterscheidet dabei zwischen vier verschiedenen Räumen, die auf unterschiedliche Art in Beziehung zur Fotografie stehen. Dabei gibt es zunächst den referentiellen Raum einer Fotografie, das heißt, den Ort, der fotografiert wurde. Dann gibt es den Raum der Repräsentation, das ist die zweidimensionale Bildfläche, auf der der referentielle Raum angeordnet ist. Schließlich gibt es den repräsentierten Raum, das heißt, das fertige Bild, also die entstandene Darstellung des referentiellen Raums im Raum der Repräsentation. Und darüber hinaus gibt es den topologischen Raum des/der Bildbetrachters/in im Moment der Wahrnehmung des repräsentierten Raumes. Dieser letzte, der topologische Raum, wird hier zunächst nachrangig betrachtet (vgl. dazu weiter Abschnitt 6.6). Es geht an dieser Stelle um die Beziehung zwischen dem referentiellen Raum und dem Raum der Repräsentation, die sich im repräsentierten Raum (der Fotografie) darstellt. Das heißt, es geht um die Frage der Positionierung eines Ortes auf der Bildfläche und deren Folgen für das Bild. Philippe Dubois schreibt:

> „Nachdem der Akt des Fotografierens aus dem Kontinuum des referentiellen Raums einen Abschnitt herausgetrennt hat, beginnt sich dieser auf den Film und dann auf das Papier transportierte Raumabschnitt auf autonome Weise zu organisieren. Das Ausschneiden hat ihm einen Rahmen verliehen, und dieser Rahmen

---

3 Philippe Dubois: Der fotografische Akt. Versuch über ein theoretisches Dispositiv. Herausgegeben von und mit einem Vorwort von Herta Wolf. Aus dem Französischen übersetzt von Dieter Hornig. Schriftenreihe zur Geschichte und Theorie der Fotografie, Band 1. Dresden 1998.
4 Philippe Dubois, a.a.O., S. 174ff.

wird zu einer Rahmung, zu einer internen Organisation des Bildfeldes, die durch die Referenz der Ränder des Rahmens erfolgt. Jeder Rahmen schafft notwendig ein System der Positionierung der in seinem Raum vorhandenen Elemente in bezug auf die Grenzen dieses Raums. Anders ausgedrückt: Jeder fotografische Schnitt stellt eine Gliederung zwischen einem *repräsentierten Raum* (dem Bildinneren, dem Raum seines Inhalts, nämlich dem referentiellen und in das Foto transferierten Raumabschnitt) und einem *Raum der Repräsentation* (dem Bild als Träger der Einschreibung, dem Raum des Behältnisses, der arbiträr durch die Ränder des Rahmens konstruiert wird) dar. Diese Gliederung zwischen dem repräsentierten Raum und dem Raum der Repräsentation definiert *den fotografischen Raum* im eigentlichen Sinn."[5]

Für die drei Fotografien in Kapitel eins (Abb. 1-3) bedeutet das, dass sie erst durch ihre jeweilige Wahl, Anordnung und Positionierung der abgebildeten Orte im Bildraum ihren jeweiligen Ausdruck erhalten. Das heißt, sie beziehen sich auf drei unterschiedliche referentielle Räume (nämlich zwei verschiedene Gassen und einen Raum zwischen zwei Häusern), sie organisieren (rahmen) diese Räume mit der Wahl der Perspektive auf drei unterschiedliche Arten im Bildfeld (nämlich einmal zentralperspektivisch im Querformat, einmal zentralperspektivisch im Hochformat und einmal aus der Froschperspektive im Querformat) und sie geben mit dieser Organisation den Elementen der jeweiligen Räume (Gegenstände wie Häuserwände, Gassenboden, Fensterrahmen etc.) eine Position oder Stellung in Bezug auf die Ränder des Bildfeldes und untereinander. Das heißt, für die Fotografien aus Kapitel eins, dass sich etwa in allen drei Bildern die Öffnungen, bzw. Ausgänge der Gassen im Zentrum des jeweiligen Fotos befinden, mit unterschiedlichen Folgen für die jeweilige Fotografie wie gezeigt wurde (vgl. die Abschnitte 1.1-1.3). Das heißt, dass die Häuserwände im zweiten Bild an den Seitenrändern des Bildes parallel zueinander verlaufen, während sie im ersten Bild vom Randbereich bis zur

---

5 Philippe Dubois, .a.O., S. 205; Hervorhebungen im Original.

Mitte des Bildes aufeinander zulaufen mit entsprechend optischer Verlänge-rung der Gasse in Bild eins im Unterschied zur Gasse in Bild zwei (vgl. Ab-schnitt 1.1-1.2). Das heißt weiter, dass im dritten Bild die Horizontalen des referentiellen Raumes fast quer zu den Vertikalen des Raums der Repräsenta-tion (der Bildfläche) liegen und dadurch zur bildlichen Verengung des Ortes führen (vgl. Abschnitt 1.3). Und das heißt, dass in Bild eins und zwei demge-genüber die Vertikalen der Bildfläche in etwa parallel mit den Vertikalen des repräsentierten Raums liegen und entsprechend die Orte im Bild weniger eng aussehen lassen als in Bild drei (vgl. Abschnitt 1.1 und 1.2). Um es nochein-mal in den Worten Dubois zu sagen:

> „Man beachte, daß sich innerhalb des Bildfeldes die Figuren des repräsentierten Raums immer in bezug auf den Raum der Repräsentation organisieren. Die orthogonalen Achsen der Einrahmung determinieren das System der Positionen (links, rechts, oben, unten, Mitte) und der Proportionen (die Drittel, Viertel, Fünftel usw. in Breite und Höhe). Eine solche positionierende Organisation bewirkt natürlich ein ganzes Zusammenspiel gestalterischer Werte, das äußerst komplex, subtil, variabel, impressiv, kulturell usw. ist: Das ist die *Komposition*.“[6]

---

6   Ebd., Hervorhebung im Original.

3. Die Komposition des Bildes bei Max Imdahl - Sehendes Sehen und wiedererkennendes Sehen

Einen anderen (vielleicht erweiterten) Blick auf die Komposition eines Bildes wirft Max Imdahl, der eine zentrale Unterscheidung in der Bildanalyse der Malerei einführt. In seinen Ausführungen „Zum Verhältnis zwischen Bildautonomie und Gegenstandssehen"[7] unterscheidet Imdahl die wiedererkennbaren Gegenstände oder sogenannten „gegenständlichen Bezeichnungswerte"[8] eines Bildes wie Hände, Gesichtsteile, Körperteile einer Person und Andeutungen derselben von den sogenannten „reinen Sichtbarkeitswerten"[9] eines Bildes, das heißt, Formen der Darstellung wie Linien, Flächen, Farben, Schraffierungen etc. Möglich wird diese Unterscheidung durch ein Sehen, das sich nicht nur an erkennbaren Gegenständen (bzw. ihren partiellen Andeutungen) orientiert, das sogenannte „wiedererkennende Gegenstandssehen"[10], sondern auch (und hier zunächst ausschließlich) an gegenstandsfreien Formen oder Farben, also dem rein abstrakten und geometrischen Aufbau eines Bildes. Imdahl nennt dieses Sehen das sogenannte „sehende Sehen"[11].

3.1 Das Sehende Sehen am Beispiel des Bildes *Femme à la guitarre* von Georges Braque

Das *sehende Sehe* erklärt Imdahl u.a. anhand eines Bildes aus der kubistischen Malerei, in der die einzelnen (kubischen) Formen nicht unmittelbar einen Bezug zu einem wiedererkennbaren Gegenstand zulassen. Die nebeneinander

---

7 Max Imdahl: Cézanne-Braque-Picasso. Zum Verhältnis zwischen Bildautonomie und Gegenstandssehen. In: Ders.: Bildautonomie und Wirklichkeit. Zur theoretischen Begründung moderner Malerei. Mittenwald 1981, S. 9-50. Der Aufsatz erschien erstmal 1974 im Wallraf-Richartz-Jahrbuch, Band 36.
8 Max Imdahl, a.a.O., S. 10.
9 Max Imdahl, a.a.O., S. 12.
10 Ebd.
11 Ebd.

liegenden und ineinander geschobenen Formen in dem Bild *Femme à la guitarre* (Abb. 4) von Georges Braque geben erst auf den zweiten Blick den Bezug des Bildes zu dessen Titel wieder. Zunächst einmal sieht man ein Gerüst aus Winkeln, Rundungen, Linien, etc., das für sich steht. Die einzelnen Formen beinhalten dabei die Körperteile einer Person (einer Frau) und einer Gitarre. Diese sind mehr oder weniger unzusammenhängend (das heißt, nicht in ihrem üblichen Zusammenhang) über das Bild verteilt. Die gegenständliche Figur (die Frau an der Gitarre) lässt sich erst im Zusammenhang mit dem Titel des Gemäldes (Femme à la guitarre) erschließen; ein unmittelbar wiedererkennendes, gegenständliches Sehen ist nur schwer möglich. Imdahl schreibt dazu:

> „Man sieht, wiedererkennend, partielle Hinweise auf eine Gitarre (Holz, Schallloch, Saiten), man erschließt, ausgehend von dem deutlich wiedergegebenen Mund, Formen eines Kopfes, ein Kinn, Locken, aber auch einen Hals, man erkennt im Aufbau des Bildes den Aufbau einer Figur. Diese Hinweise genügen, um eine Frau mit Gitarre zu identifizieren, wie sehr auch die Bilderscheinung vom natürlichen Aussehen einer Frau mit Gitarre abweicht und insofern einem wiedererkennenden Sehen widerspricht."[12]

Auf der Bildfläche stehen sich also zuvorderst abstrakte (kubische) Formen gegenüber, die dem Bild für sich alleine einen bestimmten Ausdruck verleihen. Der Gegenstand selbst spielt eine sekundäre Rolle. Braques Bild ist mehr oder weniger einheitlich in grau-braune bis beigefarbene Felder und Schattierungen eingeteilt. Davon unterschieden sind vier schwarze, länglich-ovale Flächen, wovon die zwei größeren sich zu beiden Rändern der oberen Bildhälfte hin befinden und zwei kleinere jeweils zur linken unteren Bildseite und zum unteren Bildrand hin. Außerdem befindet sich unterhalb des Bildzen-

---

12 Max Imdahl, a.a.O., Bildkommentar zur Abbildung 3 (ohne Seitenzahl).

trums ein deutlich abgesetztes größeres Viereck in hellbrauner Farbe (in dessen Innerem Saiten und Schallloch der Gitarre zu sehen sind) sowie am oberen Bildrand ein kleineres Viereck, dunkelbraun vom Umfeld abgesetzt und ebenso zentral, also parallel zum größeren Viereck gelegen. Mit diesen hervorstechenden Figuren wird das Zentrum des Bildes, das sich farblich ansonsten nicht von den Rändern unterscheidet, eingerahmt und hervorgehoben. Der Blick des/der Betrachters/in wird also auf das Gesicht (respektive Augen, Mund, Kinn) der Frau und auf die Gitarre (insbesondere Saiten und Schallloch) gelenkt. Die Wiedererkennung der Proportionen einer Frau, die aufrecht (vermutlich sitzend)[13] etwa auf der Höhe ihres Schoßes eine Gitarre hält, wird durch diese Aufteilung der Bildfläche erst ermöglicht; trotz der in sich unzusammenhängenden Darstellung der Person und ihres Musikinstruments. Die dunkleren Flächen des Bildes grenzen also das Zentrum der Bildfläche auf eine Art ein, dass aus den angedeuteten Körperteilen ein zusammenhängender Frauenkörper und eine Gitarre wiedererkannt werden kann. Das heißt, über die Komposition der kubischen Formen wird die Figur *Femme à la guitare* im Bild hergestellt. Imdahl erläutert:

> „Braques Bild besteht aus einer Vielzahl verschieden konturierter kleinerer und größerer, heller und dunkler Facetten, welche selbst jene partiellen Gegenstandsdaten in sich aufgehoben enthalten und zur Totalität eines autonom geregelten rhythmischen Systems zusammenwirken. Dieses ist eine alleine dem sehenden Sehen zugängliche Ordnung.“[14]

Das heißt, Imdahl versteht unter sehendem Sehen eine Bildbetrachtung, die alleine das sogenannte „autonom geregelte rhythmische System" einer Bild-

---

13 Bei genauer Betrachtung sind am rechten unteren Bildrand Formen zu erkennen, die auf die Beine einer Sitzbank hinweisen. Auf der Höhe der Gitarre (der Höhe des angenommenen Schoßes der Frau) ist darüber hinaus ein hölzernes Brett zu erkennen, das vermutlich die Sitzfläche der Bank darstellt.
14 Ebd.

fläche wahrnimmt. Dieses System besteht am Beispiel des Bildes von Braque aus der Aufteilung und Anordnung der unterschiedlichen „Facetten", also Formen, Linien, Winkeln. Die Komposition dieses Systems wird zunächst nur für sich gesehen. Dabei wird „jede jeweils als Ansatz ermöglichte räumliche Lesart durch andere jeweils ansatzweise ermöglichte räumliche Lesarten relativiert."[15] Das meint, das Bild bringt zum Ausdruck, dass man sich seiner räumlich-gegenständlichen Ansicht nicht gewiss sein kann. Die Schattierungen, die von den senkrechten, waagerechten, schrägen und wellenförmigen Linien im Bild ausgehen, deuten Körperlichkeit oder Plastizität der jeweiligen Gegenstände an; gleichzeitig liegen sie auf eine Art über- und ineinander, dass die Plastizität der einen diejenige der anderen aufhebt. Man sieht sich als Betrachter/in in einem ständigen Wechselspiel aus davor und dahinter, konvex und konkav, Zweidimensionalität und Dreidimensionalität. Keine räumliche Ansicht ist von Dauer.

---

15 Max Imdahl, a.a.O., S. 24.

Abbildung 4: Georges Braque: Femme à la guitarre

Dieser Bildaufbau erschwert ein wiedererkennendes Sehen. Obwohl immer wieder die Andeutung einzelner Gegenstände in den Vordergrund tritt (wie etwa die holzgemaserte rechteckige Platte am rechten Bildrand), lassen sich diese Gegenstände nicht festhalten. Es erscheint so, als suche der der/die Betrachter/in die Bildfläche nach erkennbaren, sich fortsetzenden Gegenständen ab, wandere dabei aber nur von einer Andeutung zur nächsten. So ist nicht nur die Figur der Frau und ihre Gitarre der Dauerhaftigkeit beraubt, sondern auch Gegenstände wie beschriebene (Noten-)Blätter (links unterhalb der Gitarrensaiten), ein leicht geöffnetes Buch oder Heft (unterhalb der angedeuteten Holzplatte), die Andeutung einer Hand (am rechten Rand der Gitarrensaiten) oder auch die gedruckten Wörter 'LE REVE' und 'SO'ATE'[16] (rechts neben und die beschriebenen Noten-Blätter überdeckend). Diese wechselseitige Ansicht der unterschiedlichen Gegenstände lässt sie selbst hinter ihren Darstellungsformen zurücktreten. Das Bild lässt damit nur über das sehende Sehen ein gegenständliches Sehen zu.

3.2 Die Bedeutung des senden Sehens für die Fotografie

Obwohl Imdahl sich in seinen Ausführungen zum sehenden und wiedererkennendem Sehen ausschließlich auf Gemälde der Moderne (bis zur Gegenwart) bezieht[17], kann sein Analyseinstrument[18] der Unterscheidung dieser zwei Formen der Bildbetrachtung auch für die Fotografie fruchtbar gemacht werden. Während bei Imdahl die Gegenstände eines Bildes erst über die nicht gegenständlichen, reinen Sichtbarkeitswerte (Formen, Facetten, Linien, Farben, Kontraste etc.) hergestellt oder „realisiert"[19] werden, führt in der Fotografie die Organisation und Positionierung des referentiellen Raums im Raum der Repräsentation zur Herstellung des fotografischen Gegenstandes. Dabei entsteht die Frage, welche Bedeutung die Wahrnehmung sogenannter reiner Sichtbarkeitswerte, also vor ihrer gegenständlichen Bedeutung und Einbettung in den repräsentierten Raum einer Fotografie, für das fotografische Bild hat. Lässt sich ein Foto alleine nach seinen abstrakten Formen betrachten, un-

---

16 Das Wort steht vermutlich für das Musikstück der Sonate.

17 Damit ist nur die oben angegebene Arbeit „Zum Verhältnis zwischen Bildautonomie und Gegenstandssehen" gemeint, die explizit auf die Unterscheidung zwischen gegenständlichem und nicht gegenständlichem, sehendem Sehen eingeht. In anderen Arbeiten greift Imdahl auch auf Gemälde des Mittelalters und der Neuzeit zurück. Vgl. etwa: Max Imdahl: Ikonik. Bilder und ihre Anschauung. In: Gottfried Boehm (Hg.): Was ist ein Bild. 4. Auflage, München 2006, S. 300-324.

18 Imdahl selbst bezeichnet seine Unterscheidung zwischen sehendem und wiedererkennendem Sehen an keiner Stelle als *Analyseinstrument*. Da diese Unterscheidung für ein Verständnis seiner Bildinterpretationen aber grundlegend ist, wird ihr die Bezeichnung vermutlich gerecht.

19 Imdahl nutzt diese Formulierung unter Bezugnahme auf Cézanne, an dessen Bildern er auch ein gegenstandshervorbringendes, zunächst aber gegenstandsloses Malen, im Unterschied zu einem unmittelbar gegenstandsabbildenden Malen, erläutert. Vgl. Max Imdahl: Zum Verhältnis zwischen Bildautonomie und Gegenstandssehen, a.a.O., S. 17.

abhängig davon was diese Formen darstellen?

In den Bildbeschreibungen des ersten Kapitels wurde bereits der Versuch unternommen, Fotografien nach ihrer formalen Komposition, das heißt, ihrem Aufbau in Farbe und Form, zu untersuchen (vgl. Abschnitt 1.1-1.3). Die Auswirkungen die diese Form der Bildbetrachtung auf den fotografischen Ausdruck haben, waren evident. So konnte gezeigt werden, dass die formale U-Komposition in Bild zwei (Abb. 2) zu einer optischen Verkürzung des dargestellten Raumes führt; und der Vergleich zwischen der ersten und dritten Fotografie (Abb. 1 und 3) hat gezeigt, dass ihr formaler Aufbau an sehr sensible Elemente gebunden ist, die im entsprechenden Fall bei einer sehr ähnlichen Komposition (Teilung des Bildes in eine rechte und linke Bildhälfte mit jeweils einem hellen Mittelstreifen) zu einer sehr unterschiedlichen (räumliche-perspektivischen) Darstellung führt (vgl. Abb. 1 und 3).

An welcher Stelle wird in diesen Analysen ein gegenständliches, wiedererkennendes Sehen durch ein formales, sehendes Sehen ersetzt? Dabei geht es v.a. um die Frage, inwiefern Fotografien Hinweise auf ihren referentiellen Raum sind, sich also auf ein gegenständliches, wiedererkennendes Sehen (des abgebildeten Ortes) beschränken, und inwiefern sie eigenständige Räume sind, die zuvorderst als Bildräume, unabhängig von ihrem Referenten und Gegenstand wahrgenommen werden.

4. Die Fotografie und ihr Referent

Roland Barthes beschreibt in seinen autobiographischen Ausführungen in „Die helle Kammer", dass Fotografien gewöhnlich mit dem Gegenstand den sie abbilden identifiziert werden. Er vergleicht die Fotografie dabei mit dem Objekt der Geste eines Kindes, „das mit dem Finger auf etwas weist und sagt: TA, DA, DAS DA!"[20] Barthes schreibt:

> „Eine Photographie ist immer die Verlängerung dieser Geste; sie sagt: *das da, genau das, dieses eine ist's!* und sonst nichts; [...] sie ist über und über mit der Kontingenz beladen, deren transparente und leichte Hülle sie ist. Zeige deine Photographien einem anderen; er wird sogleich die seinen hervorholen und sagen: »Sieh, hier, das ist mein Bruder; das da, das bin ich als Kind« und so weiter; die PHOTOGRAPHIE ist immer nur ein Wechselgesang von Rufen wie »Seht mal! Schau! Hier ist's!«; sie deutet mit dem Finger auf ein bestimmtes *Gegenüber* und ist an diese reine Hinweis-Sprache gebunden."[21]

Unter Kontingenz versteht Barthes hier das (notwendige) Zusammentreffen von referentiellem Raum und Raum der Repräsentation in der Fotografie. Ein Foto bindet sich demnach durch seine Eigenschaft physikalischer Lichtabdruck auf eine lichtempfindliche Oberfläche zu sein[22] an den Referenten seiner Darstellung. Im Sinne Bartes bildet die Fotografie damit immer etwas Wiedererkennbares ab. Das zeigen des Kindes deutet auf den Gegenstand des Bildes. Fotografien weisen in erster Linie auf die Gegenstände (Orte, Perso-

---

20 Roland Barthes: Die helle Kammer. Bemerkungen zur Photographie. Aus dem Französischen übersetzt von Dietrich Leube. Frankfurt a.M. 1989, S. 12-13, Hervorhebung im Original.
21 Ebd.
22 Vgl. dazu insbesondere die Diskussionen Rosalind Krauss zum Begriff des *Index* (der Spur, des Abdrucks) in der Fotografie in ihren Aufsätzen „Anmerkungen zum Index Teil 1 und 2." In: dies.: Die Originalität der Avantgarde und andere Mythen der Moderne. Schriftenreihe zur Geschichte und Theorie der Fotografie, Band 2. Herausgegeben und mit einem Vorwort von Herta Wolf. Aus dem Amerikanischen von Jörg Heininger., durchgesehen und neu bearbeitet von Wilfried Prantner. Amsterdam, Dresden 2000, S. 249-276.

nen) die sie abbilden hin:

> „Tatsächlich lässt sich eine bestimmte Photographie nie von ihrem Bezugsobjekt (*Referenten*; von dem, was sie darstellt) unterscheiden, wenigstens nicht auf der Stelle und nicht für jedermann (was bei jedem beliebigen anderen Bild möglich ist, da es von vornherein und per se durch die Art und Weise belastet ist, in der der Gegenstand simuliert wird): den photographischen Signifikanten auszumachen ist nicht unmöglich (Fachleute tun es), aber es erfordert einen sekundären Akt des Wissens und der Reflexion. Von Natur aus hat die Photographie [...] etwas Tautologisches: eine Pfeife ist hier stets eine Pfeife, unabdingbar."[23]

Damit drückt Barthes auch aus, dass der formale Aufbau einer Fotografie hinter den Gegenstand der auf ihr abgebildet wird zurücktritt. Der Signifikant der fotografischen Aufnahme, das heißt, die Art und Weise, auf die der referentielle Raum im Raum der Repräsentation organisiert, positioniert und damit (als Fotografie) hergestellt wird, tritt hinter das Signifikat der Aufnahme (den repräsentierten Raum) zurück. Genauer müsste man sagen: Wenn die fotografisch dargestellte Pfeife stets nur und ausschließlich eine Pfeife ist, dann wird der Referent des Bildes (bzw. der angenommene Referent[24]) mit dessen Repräsentant gleichgesetzt. Das kann aber nur bedeuten, dass sich das Signifikat der Aufnahme, die Pfeife *auf* der Abbildung, von dessen Signifikant, der Pfeife *als* Abbildung, löst. Was aber *ist* diese Pfeife *auf* der Abbildung.[25]

---

23 Roland Barthes, a.a.O., S. 13, Hervorhebung im Original.
24 Damit sind alle die Bildbetrachter/innen gemeint, die nicht am Prozess der Bildherstellung beteiligt waren und damit nur Rückschlüsse auf die Situation und den Referenten der Aufnahme machen können.
25 Es sei an dieser Stelle auf das Bild „Ceci n'est pas une pipe" (Das ist keine Pfeife) von René Magritte verwiesen. Magritte fordert den/die Bildbetrachter/in geradezu heraus, wenn er mit der malerischen Darstellung einer Pfeife in Kombination mit dem entsprechenden Titel des Bildes (der zudem auf dem Bild selbst zu lesen ist) ironisch auf die Erschaffung des Gegenstands durch die Abbildung anspielt.

4.1 Der Referent oder dessen Fotografie bei Roland Barthes

Roland Barthes beschreibt, dass die Fotografie selbst zur „transparente(n) und leichte(n) Hülle"[26] wird. Das Bild tritt also überhaupt als Bild in den Hintergrund. Wie kommt es unter diesen Umständen dann zum Gegenstand einer Abbildung? Was macht den repräsentierten Raum eines Bildes aus, wenn nicht den repräsentierten Raum eines Bildes? Oder anders, was ist der Gegenstand (Orte, Personen, Objekte) einer Fotografie, wenn nicht ein Gegenstand, den es unabhängig von der Fotografie eigentlich garnicht gibt?

An dieser Stelle kommt wieder der Begriff des sehenden Sehens von Max Imdahl ins Spiel (vgl. Abschnitt 3.1). Das heißt, es entsteht die Frage, was der/die Bildbetrachter/in beim Anblick einer Fotografie sieht: einen Gegenstand oder die Abbildung eines Gegenstands? Werden in den Fotografien des ersten Kapitels dieser Arbeit (vgl. Abb. 1-3) zuvorderst zwei vergleichbar schmale Gassen und ein ebenso vergleichbar schmaler Zwischenraum zwischen zwei Häusern gesehen oder werden drei sehr unterschiedliche Räume gesehen, die vielleicht auf den zweiten Blick vergleichbare Orte darstellen? Unabhängig davon was bei dem/der einzelnen Bildbetrachter/in der Fall ist, lässt sich nur im ersten Falle (der Wahrnehmung dreier unterschiedlicher Räume) von einem sehenden Sehen im Sinne Imdahls sprechen. Das heißt, nur über die formale Komposition etwa der ersten Fotografie - als unterteilt in zwei einander gegenüberliegende Bildhälften, die mittig durch einen Streifen getrennt werden - wird der repräsentierte Raum als breiter und länger im Vergleich zur zweiten und dritten Fotografie erkennbar. Diese formale Komposition wird über das sehende Sehen hergestellt. Sie ist gerade deshalb *nicht gegenständlich*, da sie aus Gassenboden und Gassenausgang *einen Streifen*

---

26 Roland Barthes, a.a.O., S. 13.

macht; und nicht etwa zwei Streifen, die die gegenständliche Bedeutung des Gassenbodens und Gassenausgangs tragen. Was passiert nun mit den formalen Bestandteilen der Fotografien (Abb. 1-3), wenn in ihnen nicht (über die Komposition) drei unterschiedliche, sondern (über die Referenten, also im Sinne Barthes) drei ähnlich enge Räume wahrgenommen werden? Was wird dann gesehen?

4.2 Die Fotografie losgelöst von ihrem Referenten mit Joel Snyder

Joel Snyder weist in seinem Aufsatz zum „Bild des Sehens"[27] nach, das eine Fotografie sich von dem üblichen Wahrnehmungsfeld einer Person unterscheidet. Er geht dort auf die Differenz zwischen dem Anblick eines Ortes und der Betrachtung einer Fotografie desselben Ortes am Beispiel des Bildes „Hotel Porch, Saratoga Springs, N.Y." von Walker Evans (1930, vgl. Abb. 5) ein. Für Snyder ist klar, dass die Fotografie den Ort auf eine Weise abbildet, wie der/die Betrachter/in ihn bei gewöhnlicher Ansicht nicht hätte sehen können:

> „Nun gilt für dieses Bild ganz offensichtlich, dass wir das darauf Gezeigte niemals auf diese Weise hätten sehen können - wenn wir unter *Sehen* die Art und Weise verstehen, wie die abgebildeten Gegenstände einem neben der Kamera stehenden Betrachter erschienen wären. Erstens einmal ist unser Sehen nicht durch einen rechteckigen Rahmen begrenzt; es ist vielmehr, wie Aristoteles sagt, unbegrenzt. Zweitens: Selbst wenn wir ein Auge schließen würden und in einer Entfernung, die der Brennweite des Objektivs entspricht (dem sogenannten Distanzpunkt der perspektivischen Konstruktion), einen rechteckigen Rahmen in der Größe des Originalnegativs vor das andere Auge hielten und so das im Bild wiedergegebene Gesichtsfeld betrachteten, würden wir noch immer nicht sehen, was auf dem Bild zu sehen ist. Das Foto zeigt alles von einem Bildrand zum anderen in scharfen Umrissen, wogegen unser

---

27 Joel Snyder: Das Bild des Sehens. Übersetzt von Wilfried Prantner. In: Herta Wolf (Hg.): Paradigma Fotografie. Fotokritik am Ende des fotografischen Zeitalters. Band I. Frankfurt a.M. 2002, S. 23-59.

Sehen wegen der Vertiefung in unserer Netzhaut nur im *Zentrum* scharf ist. Das Bild ist monochromatisch [das Licht entspricht einer annähernd genau definierten Wellenlänge, also Farbfrequenz, J.T.], während die meisten von uns in *natürlichen* Farben sehen [d.h. in nicht genau definierbaren Farbfrequenzen, J.T.] ‚[...] Und schließlich zeigt das Foto die Gegenstände auf allen Bildebenen - von ganz nah bis ganz fern - vollkommen scharf. Wir sehen nicht auf diese weise - weil wir es nicht können. [...] Was immer wir vom Standpunkt der Kamera aus gesehen hätten, es hätte jedenfalls nicht so ausgesehen wie dieses Bild."[28]

Es wird also klar, dass eine Fotografie einen Gegenstand (Ort, Person, Objekt) nicht einfach abbildet oder wiedergibt - im Sinne einer Abbildung, die dem Wahrnehmungsfeld einer Person (dem/der Fotografen/in) entspricht -, sondern den Gegenstand im Bild verändert. Eine Fotografie kann nicht dem entsprechen was den referentiellen Raum des Bildes ausmachte. Referent und Repräsentant sind nicht deckungsgleich.

Die Erläuterungen Snyders müssten zu dem Schluss führen, dass sich Fotografien durchaus und für jedermann von ihrem Bezugsobjekt unterscheiden lassen. In diesem Sinne müsste der Anblick einer Fotografie eigentlich immer überraschen oder verwirren; da sie etwas zeigt, dass außerhalb des Fotos nicht wahrgenommen werden kann. Diane Arbus (1923-1971) berichtet aus ihrer Erfahrung als Fotografin wenn sie sagt:

„One thing that struck me very early is that you don't put into a photograph what's going to come out. Or, vice versa, what comes out is not what you put in."[29] In gleichem Sinne beschreibt sie: "I have never taken a picture I've intended. They're always better or worse."[30]

---

28 Joel Snyder, a.a.O., S. 31-32.
29 http://aucklandartgallery.blogspot.com/2010/07/thinking-of-diane-arbus.html, am 01.09.11
30 Ebd.

Arbus bestätigt also mit diesen Erfahrungen die Erklärungen Snyders: So wie eine Fotografie nicht abbilden kann was der/die Fotograf/in im Moment der Aufnahme sah, genauso kann auf ihr nicht der (angenommene) Referent der Aufnahme wiedererkannt werden (oder zumindest nicht eins zu eins). Man könnte sagen, der Prozess der Bildaufnahme hat die Fotografie von ihrem Referenten losgelöst, so, als hätte sich mit der fotografischen Aufzeichnung der Bildraum verselbständigt und die Gegenstände sind nicht mehr ganz die, die sie mal waren.

Abbildung 5: Walker Evans: Hotel Porch, Saratoga Springs, N.Y. (1930)

4.3 Die Fotografie als Duplikat ihres Referenten

Die Veränderung eines Gegenstands durch seine Zugehörigkeit zu einem Bildraum kann zwar nicht unbedingt negiert werden, sie kann aber, so scheint es, übersehen oder nicht wahrgenommen werden. Wenn Roland Barthes schreibt: „im PHOTO *hat sich etwas* vor eine kleine Öffnung *gestellt* und ist dort geblieben (so jedenfalls empfinde ich es) [...]"[31] dann wird damit ein Festschreiben, eine Verstetigung (und keine Veränderung) des Gegenstands im Bild charakterisiert. Im Sinne eines „*Es-ist-so-gewesen*"[32] werden Fotografien damit zu Abbildern von Augenblicken, die genau so (und nicht anders) existiert haben müssen. Barthes schreibt, es „läßt sich in der PHOTOGRAFIE nicht leugnen, das *die Sache dagewesen ist.*"[33]

Mit dieser Auffassung von fotografischen Bildern ist Barthes keineswegs alleine. Susan Sontag beschreibt in ihren essayistischen Auseinandersetzungen „Über Fotografie"[34] und „Das Leiden anderer betrachten"[35] ebenfalls einen Gebrauch von Fotografien, der sie als Abbilder von Wirklichkeit versteht:

> „Indem sie [die Fotografie, J.T.] die ohnehin unübersichtlich gewordene Welt abbildet und so mit einem Duplikat ihrer selbst ausstattet, läßt uns die Fotografie die Welt verfügbarer erscheinen, als sie in Wirklichkeit ist."[36]

Alleine die Idee der *Verfügbarkeit von Welt* bringt also zum Ausdruck, dass von einem fotografischen Bild als adäquatem Repräsentant derselben (Welt) ausgegangen wird. Die Fotografie wird zum *Duplikat* des referentiellen Raums. Entsprechend beschreibt Sontag ihre Verwendung:

> „Eine Erfahrung zu machen, wird schließlich identisch damit, ein

31 Roland Barthes: Die helle Kammer, a.a.O., S. 88, Hervorhebung im Original.
32 Roland Barthes, a.a.O., S. 87, Hervorhebung im Original.
33 Roland Barthes, a.a.O., S. 86, Hervorhebung im Original.
34 Susan Sontag: Über Fotografie. Aus dem Amerikanischen von Mark W. Rien und Gertrud Baruch. Frankfurt a.M. 2006, 17. Auflage. Die amerikanische Originalausgabe erschien erstmals 1977 unter dem Titel „On Photography".
35 Susan Sontag: Das Leiden anderer betrachten. Aus dem Englischen von Reinhard Kaiser. Frankfurt a.M. 2008, 2. Auflage. Die amerikanische Originalausgabe dieses zweiten Buches erschien erstmals 2003 unter dem Titel „Regarding the pain of the Others". Im 7. Kapitel dieses Buches setzt sich Sontag auch mit ihren veränderten Auffassungen im Vergleich zu ihrem ersten Buch „On Photography" von 1977 auseinander.
36 Susan Sontag: Über Fotografie. A.a.O., S. 29.

Foto zu machen, und an einem öffentlichen Ereignis teilzunehmen, wird in zunehmendem Maße gleichbedeutend damit, sich Fotos davon anzusehen."[37]

Dieser scheinbar wahllose Austausch von Ereignis und Fotografie ist nur die Verlängerung einer Auffassung, die davon ausgeht, dass das fotografische Bild wiedergibt was gewesen ist. Das heißt, der *Anspruch* an eine Fotografie wird von Vornherein als realitätsgetreu, wiedergebend oder nachbildend beschrieben:

> „Ein Gemälde oder eine Zeichnung gilt als Fälschung, wenn sich herausstellt, daß sie nicht von dem Künstler stammt, dem sie zugeschrieben wurde. Ein Foto - oder ein gefilmtes Dokument im Fernsehen oder im Internet - gilt als Fälschung, wenn sich herausstellt, daß es den Betrachter in bezug auf das, was es angeblich darstellt, täuscht. [...]"[38]

Wie bei Roland Barthes wird hier ein/e Bildbetrachter/in beschrieben, der/die einer Fotografie mit der Einstellung begegnet, er/sie erfahre etwas darüber *wie es gewesen ist* (während demgegenüber dem gemalten Bild mit der Einstellung begegnet wird, es lasse einen Zugang zu seinem Signifikanten, der Form der Darstellung wie dem Stil des/der Künstlers/in etwa, zu). Es ist also ganz wesentlich der *Anspruch* oder die *Erwartung,* die an ein fotografisches Bild herangetragen wird, die es weniger zu einem eigenständigen Bildraum als mehr zu einer getreuen Momentaufnahme der Abbildungssituation macht. Sontag schreibt dazu:

> „[...] ein einzelnes Foto oder eine Filmaufnahme [erhebt, J.T.] den Anspruch, genau das wiederzugeben, was sich vor dem Objektiv

---

37 Susan Sontag, a.a.O., S. 30.
38 Susan Sontag: Das Leiden anderer betrachten. A.a.O., S. 56.

der Kamera abgespielt hat. Von Fotos erwartet man, daß sie Zeigen, nicht andeuten. Deshalb können sie auch, im Unterschied zu Bildern, die mit der Hand »gemacht« wurden, als Beweise dienen."[39]

4.4 Die Fotografie als Zeuge des Referenten mit Tal Golan

Diesen Aspekt der Fotografie als Zeuge oder Beweismittel bespricht auch Tal Golan in seinem Essay über „Sichtbarkeit und Macht: Maschinen als Augenzeugen".[40] Golan untersucht darin die Entwicklung von Fotografien, Videoaufnahmen und Röntgenaufnahmen hinsichtlich ihrer Auswirkungen auf den Gerichtssaal und die Rechtssprechung des ausgehenden 19. und folgenden 20. Jahrhunderts. In diesem Werdegang technologischer Bilder innerhalb von Rechtsprozessen entwickelte sich das fotografische Bild zunehmend von einer rein illustrativen, den Prozess begleitenden, hin zu einer beweisführenden und im Prozess als Zeuge dienenden Aussage:

„Doch obwohl Bilder im Laufe der Zeit den modernen Gerichtssaal beherrschten, waren sie vor dem Ende des 19. Jahrhunderts keineswegs eine eigene, genau definierte rechtliche Größe in Zivilgerichten. Das soll nicht heißen, daß sie vor dem Ende des 19. Jahrhunderts nicht im Gerichtssaal benutzt wurden. Das war durchaus der Fall. Eine Reihe von Bildern wurde vor Gericht benutzt, aber nicht als Repräsentation der Fakten des Falls, sondern vielmehr zur Darstellung der Beobachtungen, die Zeugen gemacht hatten. Sie waren als erklärende Mittel erlaubt, um den Zeugen bei ihrer Aussage vor Gericht zu helfen."[41] Dieser Anspruch der Hilfe und Unterstützung im Rechtsprozess ist aber deutlich vom Anspruch einer repräsentativen Beweiskraft von Bildern zu unterscheiden. Während im ersten Fall (im ausgehenden 19. und

---

39 Ebd.
40 Tal Golan: Sichtbarkeit und Macht: Maschinen als Augenzeugen. Aus dem Englischen übersetzt von Nadine Scheu. In: Peter Geimer (Hg.): Ordnungen der Sichtbarkeit. Fotografie in Wissenschaft, Kunst und Technologie. Frankfurt a.M. 2002, S. 171-210.
41 Tal Golan, a.a.O., S. 171.

beginnenden 20. Jahrhundert) Bilder im Sinne eines „so *könnte* es gewesen sein" zur *Veranschaulichung* des Gesagten vor Gericht genutzt wurden, wurden sie mit dem Aufkommen der technologischen Bildherstellung in der Fotografie und Videoaufzeichnung zunehmend im Sinne eines „so *ist* es gewesen" verwendet. „Erst mit dem Aufstieg der maschinell erzeugten Bilder und dem Postulat mechanischer Objektivität wurden visuelle Bilder als eigene juristische Größe behandelt."[42]

Diese Entwicklung bedeutet allerdings nicht, dass Fotografien und Standbildern von Videoaufzeichnungen im Laufe des 20. Jahrhunderts eine eigene, bildliche Aussage zugestanden wurde; die in einem juristischen Sachverhalt *zusätzlich* zu Zeugenaussagen und Beweismaterial gewissermaßen eine „bildliche Sicht der Dinge" beigesteuert hätte. Sondern, im Gegenteil, mit dem Zugeständnis der eigenen juristischen Größe von Fotografien wurde ihnen eine *adäquate Repräsentation* eines bestimmten Sachverhaltes zuerkannt:

> „Als Verletzung der Doktrin der illustrativen Beweise wurde diese Verfahrensweise [der Repräsentation eines Sachverhalts durch Fotografien etwa, J.T.] lebhaft angegriffen, was die Berufungsgerichte zwang, zur Rechtfertigung dieser Praxis einen allgemeinen theoretischen Ansatz zu formulieren, der maschinell hergestellte Bilder explizit als glaubwürdige Repräsentationen anerkannte."[43]

Diese Repräsentationen reihen sich nahtlos in die Lücke zwischen Zeugenaussage und Tatverdacht ein. Mit anderen Worten: Die Fotografie ersetzt die fehlende Zeugenaussage (anstatt sie bildlich zu ergänzen) und wird damit aber vor Gericht jeder Eigenständigkeit und für sich stehenden Aussagekraft beraubt. In diesem Sinne ist es missverständlich wenn Golan erklärt: „So waren

---

42 Ebd.
43 Tal Golan, a.a.O., S. 209.

die Gerichte erstmals [in den 1970er Jahren, J.T.] mit fotografischen Beweisen konfrontiert, die abgekoppelt von einer mündlichen Aussage eine eigene Ausdruckskraft besaßen."[44] Missverständlich, da den Fotografien gerade diese eigene Ausdruckskraft mit ihrem Einsatz im Dienste der Repräsentation eines Sachverhaltes abgesprochen wurde. Tatsächlich verdreht Golan das im Gerichtssaal vorherrschende Verständnis vom fotografischen Bild, wenn er schreibt:

> „Mit diesem Ansatz [der glaubwürdigen Repräsentation von Sachverhalten durch fotografische Bilder, J.T.] brauchte man keinen Zeugen mehr für die Bilder. Als »silent witness«-Doktrin [Grundsatz des „stillen Zeugen", J.T.] wurde er bekannt, da er die Fotografien für sich selbst sprechen ließ."[45]

Fotografien brauchten vielleicht keine Zeugen/innen mehr oder der/die Zeuge/in wurde durch die Fotografie sogar ersetzt, damit spricht die Fotografie aber gerade für den Zeugen und nicht für sich selbst.

---

44 Ebd.
45 Ebd.

5. Die Differenz zwischen Abbildung und Ereignis

Sowohl Roland Barthes, als auch Susan Sontag und genauso Tal Golan beschreiben Formen des Umgangs mit der Fotografie, die ihr die Fähigkeit zuschreiben einen Augenblick so darstellen und wiedergeben zu können wie er gewesen ist. Worin aber liegt der Fehler, wenn in einem Gerichtssaal das Standbild einer Videoaufzeichnung dazu benutzt wird, zu beweisen, dass ein Tatverdächtiger zum Tatzeitpunkt am betroffenen Ort gewesen ist? Weshalb macht eine Fotografie (im Sinne Sontags) das Abgebildete *nicht* verfügbarer und erfahrbarer, zumindest nicht mehr als das vor der Ansicht des Bildes war?

Die bildgestützte Aufnahme eines Portemonnaie-Diebstahls in einer U-Bahnhaltestelle etwa zeigt zwar die fotografische Abfolge des Geschehnisses, sie zeigt womöglich die Ansicht auf eine Person, die einer anderen Person näher kommt, ihr etwas entnimmt, und sich dann wieder entfernt. Sie wird möglicherweise auch die Gesichter der Abgebildeten erkennen lassen und eine Wiedererkennung mit einer, der Tat verdächtigten Person zulassen. Was die Aufzeichnung allerdings nicht kann, ist bildlich wiedergeben *wie es gewesen ist*. Die Bilder werden nicht zeigen können wie es zu der Tat kam, wo sie begann oder ob sie möglicherweise eine Vorgeschichte hatte. Sie werden nicht wiedergeben ob sich die beteiligten Personen kannten, ob, und in welchem Verhältnis sie zueinander standen, ob sie eine Verabredung hatten oder ob es eine Absprache gab. Sie werden nicht zeigen können ob der Gegenstand (das Portemonnaie) gestohlen oder nur zurückgenommen, absichtsvoll entwendet oder theatralisch zurückgegeben wurde. Und schließlich können die Bilder alleine auch nicht ausschließen, dass es sich bei dem Dargestellten um eine komplett inszenierte, geplante und als Ganzes gespielte Szene handelte, die die Plattform einer U-Bahnhaltestelle, aus irgend erdenkbaren Gründen, zur

Bühne benutzte.[46]

Unabhängig davon wird durch die Fotografien allerdings eine Szene abgebildet, die durchaus *zum Ausdruck bringen* kann, dass eine Person einer anderen gewaltsam einen Gegenstand entnimmt. So kann durch die Darstellung der Gesichter der beteiligten Personen (Haut und Lippen blass, angespannt wie ängstlich durch eine grelle Beleuchtung), die Perspektive auf die Haltung die die Personen zueinander einnehmen (aus der Vogelperspektive, die hintere Person größer, bedrohlicher als die vordere), die Erscheinung der Hände im Moment der (angenommenen) Entnahme des Portemonnaies (grell vom Neonlicht der U-Bahnhaltestelle, die Fingerknochen gespannt hervorstechend), die farbliche Absetzung der Personen untereinander (eine Person durch den Schatten einer Deckensäule verdunkelt, die andere dadurch hell, ungeschützt erscheinend), uvm. auf bildlicher Ebene der Eindruck des Diebstahls entstehen. Dies ist unabhängig davon, ob tatsächlich ein Diebstahl stattgefunden hat oder nicht.

In diesem Sinne lässt es sich zwar nicht als *Fehler* bezeichnen, anhand einer Fotografie (respektive den Bildern einer Videoaufzeichnung) nachweisen zu wollen, dass eine bestimmte Person zu einem bestimmten Zeitpunkt an einem bestimmten Ort gewesen ist, es ist aber ein Fehler, anhand einer Fotografie bezeugen zu wollen, was eine Person zu einem bestimmten Zeitpunkt an einem bestimmten Ort *getan hat*.

Das genannte Beispiel lässt sich auch auf die Frage nach der Verfügbarkeit oder Erfahrbarkeit des Gegenstands einer Fotografie für den/die Bildbetrach-

---

46 Es sei an dieser Stelle auf den Fotokünstler Oliver Boberg verwiesen, der die Orte seiner Bilder selber baut und damit den gesamten Bildraum inszeniert. Während eines Vortrags, der im Rahmen des Symposiums „Zwischen Theorie und Praxis: Ver-Ortungen" an der Neuen Schule für Fotografie am 23.10.11 in Berlin stattfand und in dem Boberg seine Arbeiten präsentierte, bezeichnete Boberg seine Bilder als „Bühnen des Lebens". Er sagte, er könne in seinen Bildern das für ihn markante eines Ortes (etwa eines U-Bahn Treppenabgangs) ganz nach seinen Vorstellungen und Ideen gestalten. Die dabei entstehenden oder sich entwickelnden Orte nannte er „Orte für's Hirn". Für eine/n außenstehende/n Betrachter/in hinterlassen die Fotografien den Eindruck als bildeten sie reale (meist städtische) Orte ab. Vgl. dazu die Homepage des Künstlers unter: www.oliver-boberg.com, am 26.10.11.

ter/in übertragen (vgl. Abschnitt 4.3). Obwohl das beschriebene Bild den Eindruck eines Diebstahls hinterlassen kann, erfährt man nichts darüber was sich im Moment seiner Aufnahme abspielte. Das Bild hinterlässt seine eigene Aussage. Es mit der Situation im Moment der Aufnahme gleichzusetzen, würde nur bedeuten, durch einen gegebenen Repräsentanten (die Fotografie) auf den Referenten des Bildes zu schließen.

5.1 Vom Repräsentant zum Referent - das inszenierte Foto am Beispiel Arthur Rothsteins und Dorothea Langes

Abigail Solomon-Godeau beschreibt in ihrem Aufsatz über die Dokumentarfotografie[47] Anfang des 20. Jahrhunderts, die genaue Absicht einiger Fotografen/innen im Zuge von Auftragsfotografie Bilder von ganz bestimmten Stimmungen zu schaffen. Anhand eines dokumentarischen Projektes unter dem Namen F.S.A., das vom U.S.-Landwirtschaftsministerium 1935 ins Leben gerufen wurde, veranschaulicht Solomon-Godeau die Entstehung mehrerer Fotografien, die die arme Landbevölkerung der USA zur Zeit der großen Depression zur Darstellung bringen sollte. Ziel des Projektes war die Erwärmung der breiten Bevölkerung für staatliche Sozialprogramme, die Hilfen für die ärmere Landbevölkerung bieten sollten. Tugwell Roy Stryker, der Leiter des Projektes und Angestellter der damaligen Roosevelt Regierung gab den Fotografen/innen nicht nur vor wen und was sie zu fotografieren hatten (betroffene Landbewohner/innen und deren Umgebung), sondern auch welche Gefühle oder welche Stimmungen er auf den Bildern zu sehen wünschte:

> „Roy Stryker [...] schrieb bei der Auftragsvergabe nicht nur die Region, das Milieu oder die Tätigkeit genau vor, sondern gab

---

47 Abigail Solomon-Godeau: Wer spricht so? Einige Fragen zur Dokumentarfotografie. Übersetzt von Wilfried Prantner. In: Herta Wolf (Hg.): Diskurse der Fotografie. Fotokritik am Ende des fotografischen Zeitalters. Frankfurt a.M. 2003, S. 53-74.

darüber hinaus häufig auch an, welche Art von Stimmung, Ausdruck oder *Gefühl* er sehen wollte - wir würden das heute als Rhetorik des Bildes bezeichnen (Abb. 6)."[48]

Diese Vorgaben führten auf Seiten der angestellten Fotografen/innen in diesem Projekt zu einem Umgang mit der Fotografie, die eine Inszenierung des Gegenstands oder der Personen im Bild geradezu provozierte.

„Wenn die Personen in die Kamera lächelten, wurden sie aufgefordert, düstere Posen einzunehmen; Tagelöhner, die zum Fotografieren ihr bestes Gewand angelegt hatten, wurden aufgefordert, wieder ihre zerrissene Alltagskleidung anzuziehen, und überredet, sich nicht der Kamera wegen die schmutzigen Gesichter und Hände zu waschen."[49]

Die Bilder sollten den Eindruck der Hilfsbedürftigkeit hinterlassen. Die fotografische Reproduktion der Landbevölkerung im Moment der Aufnahme hätte anders aussehen müssen. Die Betroffenen so wirklichkeitsgetreu wie möglich darzustellen hätte bedeuten müssen, sie in ihren besten Kleidern, mit gewaschenen Händen und Gesichtern und womöglich zufrieden lächelnd abzubilden. Die Tatsache, dass das nicht geschehen ist, deutet an, dass von vornherein garnicht die Absicht bestand, die Fotografien im Sinne einer Wiedergabe der Verhältnisse zu nutzen, sondern vielmehr im Sinne einer deutlichen Interpretation und ganz bestimmten Darstellung der Lage der Landbevölkerung:

„Da das Mandat des Programms darin bestand, die Unterstützung der Öffentlichkeit und der Regierung für die Hilfsmaßnahmen der New-Deal-Politik[50] zu gewinnen, wurden vor allem die Bilder der

---

48 Abigal Solomon-Godeau, a.a.O., S. 65, im Original ist es Abb. 5.
49 Abigal Solomon-Godeau, a.a.O., S. 66-67.
50 Darunter sind staatliche Maßnahmen zur Einführung von Sozialversicherungen und staatliche Beschäftigungssysteme zur Entgegenwirkung der Massenarbeitslosigkeit in den USA unter Franklin Delano Roosvelt ab 1933 zu verstehen.

würdigen im Gegensatz zu den *unwürdigen* Armen gefördert. Über die Arbeiten von Dorothea Lange [vgl. Abb. 7, J.T.] etwa notiert der Filmemacher Pare Lorenzt: »Sie traf ihre Auswahl mit einem untrüglichen Auge. Die Vagabunden, die Nomaden, die Landstreicher, den unglücklichen, antriebslosen Abschaum eines Landes wird man in ihrer Porträtgalerie vergeblich suchen.« Der an den Betrachter gerichtete Appell bestand mit anderen Worten in der Beteuerung, daß die Opfer der Depressionszeit würdige Arme waren; ihr Anspruch auf Hilfeleistungen wurde also mit individuellem Unglück begründet [...].«[51]

Und dieses individuelle Unglück musste, besonders da es im Moment der fotografischen Aufnahme nicht (unbedingt) der Stimmung der Betroffenen entsprach, über das Bild selbst hergestellt werden.

Der Unterschied, der zwischen dem Anspruch an diese Bilder besteht und dem Anspruch an Fotografien, die zu Zwecken der Zeugenaussage und Beweisführung, also im Sinne eines *so ist es gewesen,* verwendet werden, ist das Eingeständnis der Bildproduzenten/innen an die Möglichkeit der Herstellung einer fotografischen Wirklichkeit, die nicht deckungsgleich sein muss mit der Wirklichkeit, die der Fotografie als Vorlage diente. Das heißt, Roy Stryker und mit ihm die beteiligten Fotografen/innen hatten garnicht den Anspruch, die Betroffenen so darzustellen wie es ihnen erging, sondern sie wollten von ihnen ein ganz bestimmtes Bild vermitteln und scheuten auch nicht davor zurück, dieses im Moment der Aufnahme zu inszenieren.

51 Abigal Solomon-Godeau, a.a.O., S. 67. Das eingefügte Zitat von Pare Lorenzt stammt aus dem Buch von William Stott: Documentary expression and thirties America. New York, Oxford 1973, S. 61.

Abbildung 6: Arthur Rothstein: Frau eines Tagelöhners (Arkansas 1935)

Wenn man sich nun (beispielhaft) die Bilder von Arthur Rothstein und Doro-thea Lange (Abb. 6 und 7) ansieht, dann erkennt man am Aufbau der Foto-grafien, an der Anordnung der Personen, ihren Gesichtsausdrücken, ihrer Gestik und ihrer Stellung zueinander wie dieses (inszenierte) Bild dargestellt wurde: Man sieht Kinder, die traurig zu Boden blicken oder ihre Gesichter wie beschämt hinter dem Rücken der Mutter verstecken, man sieht zwei Müt-ter, die angestrengt ihre Stirn in Falten legen, man sieht zerschlissene, kaput-te und dreckige Kleidung und man sieht in Rothsteins Bild (Abb. 6) einen lose zusammengestellten Holzverschlag, den man für eine ärmliche Behausung halten kann. Man wird darüber hinaus durch die förmliche Einrahmung der Mutter in Langes Bild (links und rechts ein Kind und im Schoß einen Säug-ling, das Gesicht farblich durch die dunklen Haare eingerahmt, vgl. Abb. 7) auf deren Ausweglosigkeit bei gleichzeitiger Isolation (als einziger erwachsener Person im Bild) gestoßen. Und man erhält in Rothsteins Fotografie durch die Positionierung der Mutter und ihrer Tochter im Türrahmen des vermeintlichen Holzverschlags (links und rechts von ihnen ein Holzbrett, im Hintergrund der dunkle, nicht erkennbare Innenraum) einen vergleichbar isolierten und ausweglosen Eindruck. Dabei lässt sich noch ergänzen, dass die Frau schwanger abgebildet wird und ihre Hände stützend in den Hüften hält, fast so als müsse sie sich selbst stützen.

Interessant sind in diesem Zusammenhang die vielen Parallelen zwischen den beiden Bildern: in beiden Fotografien werden die Frauen *alleine* mit drei Kindern gezeigt (im Bild von Lange ist das zweite Kind an der rechten unteren Bildecke zu sehen und das dritte symbolisch durch die Schwangerschaft angedeutet), bei beiden Frauen wird jeweils nur *ein* Arm und *eine* Hand gezeigt, wie zum Zeichen der fehlenden (manuellen) Kraft und Hilfsbedürftigkeit, dabei *stützt* bei beiden Frauen der gezeigte Arm und die Hand jeweils das Kinn oder die Hüfte, wie zur Darstellung der eigenen Stütze, der fehlenden Unterstützung, außerdem ist bei beiden Frauen die Haarfarbe deutlich dunkler als bei den Kindern und hebt damit die Gesichter der Frauen, deren Anstrengung und Isolation zusätzlich hervor. Man kann also in beiden Bildern einen ähnlichen Stil oder (in Solomon-Godeaus Worten) eine vergleichbare *Rhetorik* erkennen. Damit nutzen Rothstein und Lange im Auftrag von Roy Stryker das fotografische Bild zur Herstellung einer *bildlichen Wirklichkeit*, die in der Praxis des F.S.A. Projektes dann als *Repräsentant* der Wirklichkeit der US-amerikanischen Landbevölkerung eingesetzt wurde.

Wenn die beschriebenen Fotografien nun so betrachtet werden, als würden sie die damalige Realität der Landbevölkerung in den USA wiedergeben, dann wird das, was sie zeigen, für etwas gehalten, was es nicht ist, bzw. war. Das bedeutet nicht, dass die Bilder nicht *auch* eine Wirklichkeit repräsentieren können, die es unter der damaligen Landbevölkerung gegeben hat. Es bedeutet vielmehr, dass die Fotografien weder abbilden, was im Moment ihrer Aufnahme passierte, noch darstellen, wie die Situation der armen Landbevölkerung der USA in den 1930er Jahren war.

Abbildung 7: Dorothea Lange: Migrant Mother (1935)

5.2 Die bildliche Wirklichkeit und ihre Kontextabhängigkeit

Stuart Hall beschreibt in seinem Aufsatz über „Rekonstruktion"[52] einen anderen Umgang mit Fotografien. Bei ihm geht es nicht um die bewusste Herstellung einer Wirklichkeit über das fotografische Bild, sondern um unterschiedli-

---

52 Stuart Hall: Rekonstruktion. Übersetzt von Wilfried Prantner. In: Herta Wolf (Hg.): Diskurse der Fotografie. Fotokritik am Ende des fotografischen Zeitalters. Frankfurt a.M. 2003, S. 75-91.

che (diskursiv bestimmte) *Lesarten* von Fotografien. Hall beschreibt am Beispiel der großen Immigrationsbewegung von Einwanderern der 1950er Jahre aus britischen Kolonialgebieten nach Großbritannien (wie im Falle Westindiens), den Gebrauch von Fotografien im Sinne einer *kontextabhängigen* Bedeutung. Fotografien, die in den 1950er Jahren zu Zwecken der Darstellung des Problems der Einwanderung gebraucht wurden, nutzt Hall selbst zur Veranschaulichung des Mutes und Selbstbewusstseins der Einwanderer in diesen Jahren. Während die Presse und öffentliche Berichterstattung etwa unter dem Titel „THIRTY THOUSEND COLOUR PROBLEMS"[53] Fotografien bewusst als Zeichen der Überforderung und Überlastung der britischen Städte und Ökonomie einsetzt, erklärt Hall sie zu Abbildern einer sogenannten „Unschuld"[54], die er an den Einwanderern sieht (in Bezug auf deren prekäre Lage), und betont eine Lesart, die den Personen Respekt oder Achtung entgegenbringt. Hall schreibt:

> „Es gibt kein einheitliches Gebilde wie die *Fotografie,* es gibt nur eine Vielfalt von Praktiken und historischen Situationen, in denen der fotografische Text produziert, in Umlauf gebracht und eingesetzt wird. Die meisten Fotos werden schon vorher irgendwo erschienen und damit bereits durch diese frühere Positionierung geprägt bzw. *verortet* sein. Sie werden in die besonderen gesellschaftlichen Verhältnisse eingeschrieben sein, die sie hervorgebracht haben: die Fotoagentur, das kommerzielle Fotostudio, die Nachrichtenagentur, die Buchproduktion, den Ausstellungsraum. Der weitaus größte Teil davon wird bereits nach bestimmten Klassifikations*systemen* geordnet sein. Jede Praxis, jede Verortung legt eine andere Bedeutungsschicht über das Bild."[55]

---

53 Das Zitat entspricht dem Titel eines mehrseitigen, bildgestützten Berichts der *Picture Post* vom 9. Juni 1956 zur Situation der Einwanderung in Großbritannien. Die erste Doppelseite des Berichts wird in Abb. 4 des Aufsatzes von Stuart Hall, a.a.O, S. 84-85, gezeigt. Der Großdruck der Buchstaben entspricht ihrem Abdruck in der Zeitung.
54 Vgl. Stuart Hall, a.a.O., S.77. Siehe dazu auch Abschnitt 5.4 dieser Arbeit.
55 Stuart Hall, a.a.O., S. 75.

Lässt diese Erklärung den Schluss zu, dass das fotografische Bild, ähnlich der Ausdrucksweise von Barthes, lediglich eine leichte, transparente Hülle ist (vgl. Kapitel 4), deren Inhalt je nach Kontext zum Einsatz gebracht werden kann? Ist die Bedeutung der Fotografie dem Zusammenhang ihrer Veröffentlichung überlassen und damit die Erwartung an das fotografische Bild in Abhängigkeit zum Kontext prägend für dessen Wahrnehmung?

Die Bilder von Dorothea Lange und Arthur Rothstein wurden *gemacht* um eine bestimmte Botschaft zu vermitteln bzw. eine bestimmte bildliche Wirklichkeit herzustellen. Die Bilder, die im Zusammenhang der britischen Migrationsbewegung in den 1950er Jahren gemacht wurden, wurden im Rahmen von Zeitungsartikeln (wie dem obigen) *eingesetzt* um eine bestimmte Botschaft zu vermitteln. Geht mit diesem Einsatz die bildliche Wirklichkeit selbst, zugunsten einer Lesart die entweder die Immigration in Großbritannien problematisiert oder die Migranten für mutig und achtungsvoll erklärt, verloren? Das heißt, wird auf den Fotografien durch ihre Einbettung in einen bestimmten Kontext etwas gesehen, was sie eigentlich garnicht zeigen?

5.3 Eine bildliche Wirklichkeit am Beispiel Haywood Magees

Eine Fotografie von Haywood Magee (vgl. Abb. 8) zeigt Einwanderer bei ihrer Ankunft im Hafen von Southampton in Großbritannien im Juni 1956. Das Foto ist im Hochformat aufgenommen und zeigt im Vordergrund zwei Frauen, die mit Korbtaschen, Tüten und Handtaschen bepackt nebeneinander auf einer gepolsterten Bank einer größeren Halle sitzen. Die Frauen sind nicht frontal, sondern seitlich, von ihrem linken Profil her, aufgenommen und darum im Bild leicht versetzt hintereinander zu sehen. Die Fotografin muss zur Aufnahme in die Hocke gegangen sein, da sich der Fluchtpunkt des Bildes oberhalb des Bildzentrums befindet. Auf die Art ist die Augenhöhe der sitzenden Frauen in etwa auf der Augenhöhe der Bildproduzentin (was bei einer aufrecht stehenden Abbildung nicht der Fall gewesen wäre). Im Hintergrund des Bildes ist, ebenfalls auf der Bank sitzend, ein lesender Mann zu sehen, weiter hinten eine Gruppe von drei Erwachsenen und einem Kind, die hinter der Bank in der Halle stehen, sowie vereinzelte Personen am linken Bildrand und rechts hinter der Bank. Die Halle selbst erscheint geräumig. Die große Decke sticht durch ihr grelles Weiß und ihre stuckartige Form hervor; der Fußboden erscheint aus hellgrauem, sehr glattem Stein gemacht; und am linken Bildrand sind Öffnungen zu erkennen, die vermutlich zum Ausgang oder einer weiteren Halle führen.

Während die Frau, die im Bild vorne auf der Bank sitzt, ihren Blick direkt in die Kamera richtet, richtet die Frau neben ihr, also im Bild hinter ihr, den Blick nach unten, auf ihren Schoß (es ist nicht genau zu erkennen, ob sie eine dort liegende Zeitung liest oder nur nach unten schaut). Die vordere Frau hat eine Handtasche in ihrem Schoß liegen und hält einige Papiere in ihren Händen.

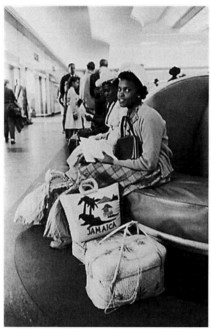

Abbildung 8: Haywood Magee: Immigration
(Southampton 1956)

Das auffällige an der Fotografie ist ihr starker und harter hell-dunkel Kontrast. Vergleicht man das Bild etwa mit den Fotografien von Lange und Rothstein (s. Abb. 6 und 7), so fällt sofort auf, dass hier wesentlich weniger Grautöne, weiche Übergänge und Farbnuancen (also Nuancen im Übergang von Weiß zu Schwarz) verwendet werden. Während Rothsteins Bild (Abb. 6) von den Gesichtern der Personen über die Arme und Kleider bis zum Holzverschlag vor dem sie stehen (abgesehen vom dunklen Hintergrund) alles in weichen, grau-melierten Tönen darstellt (die Arme und Hände heben sich strukturell, aber kaum farblich von den Kleidern ab), zeigt Haywoods Fotografie einen sehr harten hell-dunkel Kontrast. Man sieht also wenig Nuancen von Dunkel- über mäßig Dunkel- bis Grau oder von Hellweiß über Hellgrau bis grau-weiß meliert usw. Jede Linie ist extrem klar und deutlich abgezeichnet. An der stuckartigen Decke sind harte Schatten zu sehen, die den Verlauf zum Fluchtpunkt des Bildes anzeigen; die Kleidungsstücke der abgebildeten Personen (besonders im Hintergrund) sind meist entweder schwarz oder weiß (mit geringer Abweichung hin zu dunklem oder hellem Grau bei der Frau im Bildvordergrund); die Korbtaschen im Bildvordergrund setzen sich sehr hell und deutlich von dem dunklen Fußboden und der Bank ab auf der die Frauen sitzen; auf einer der vorderen Taschen ist ein aufgenähtes Bild und das Wort „Jamaica" zu sehen, das sich selbst sehr hart und dunkel von dem hellen Korb abgegrenzt; usw. Außerdem sind die Gesichter und Haare der Frauen sehr dunkel und klar von ihrer Kleidung, insbesondere ihren Hüten, ihren hellen Taschen und Körben sowie der hellen Halle (ihrer weißen Decke, den hellgrauen Wänden und dem zumeist hellgrauen Fußboden) abgegrenzt.

Der gesamte Raum macht aufgrund dieser Farbdarstellung einen kalten, beinahe sterilen Eindruck. Der harte Kontrast lässt das Bild wie eine Ansammlung von Einzelteilen erscheinen, in der die Halle durch die klaren Horizontallinien (dem Deckenstuck und einer Fußbodenlinie vom linken Bildrand ausgehend) zusätzlich an Tiefe gewinnt. Die anwesenden Personen wirken dabei wie isolierte Teile sowohl in der Halle, als auch untereinander. Besonders die vordere, in die Kamera blickende Frau erscheint durch die helle Umrandung ihres Gesichtes (der helle Hut, der farblich in die Hallendecke übergeht, die hellgraue Strickjacke, die helle Jacke der Frau neben ihr) wie ausgeliefert in einer fast weißen Umgebung. Die Frau ist nicht wie in Langes Bild (Abb. 7) isoliert und zugleich (unausweichlich) eingebunden in ihre Umgebung (vgl. Abschnitt 5.1), sondern sie ist durch die Farbdarstellung isoliert und ausgeliefert, beinahe bloßgestellt. Das Foto scheint beinahe so organisiert, dass jede mögliche Einbindung der Person in ihre Umgebung ausdrücklich verhindert wird. Während die hellere Kleidung der Frau (hellgraue

Strickjacke, hell-karierter Rock) potentiell in den hell-grauen Fußboden und die Wände der Halle übergehen könnte, wird sie durch die dunklere Bank und den dunkleren Fußbodenabschnitt auf dem sie sich befindet von ihrer direkten Umgebung abgegrenzt. Während sich die dunkle Bank potentiell mit der dunklen Haut- und Haarfarbe der Frau verbinden könnte, wird die Frau in einer Position (einer Perspektive) gezeigt, in der ihr Hut und ihre Strickjacke wie zwei farblich trennende Keile zwischen ihre Haare und die Bank, auf der sie sitzt, geschoben sind. Und schließlich werden die Taschen und Gepäckstücke der Frau deutlich von der direkten Umgebung des dunklen Fußbodenabschnitts und der Bank abgegrenzt, obwohl sie sich potentiell mit der sehr hellen Halle verbinden könnten. Selbst das helle Papierstück, das die Frau (im Vordergrund) in ihren Händen hält, wirkt wie getrennt von ihren Händen. Auf die Art kann es fast als Verbindung zu dieser hellen Welt gelesen werden, in der sich die Frau zwar (schon) befindet, der sie aber (offensichtlich) noch nicht angehört.

5.4 Die bildliche Wirklichkeit und ihre unterschiedliche Verwendung

Die *Picture Post* vom 9. Juni 1956 veröffentlichte das Foto Haywood Magees (Abb. 8) neben vielen anderen in ihrem bereits benannten Bericht (vgl. Abschnitt 5.3) zur problematischen Situation der Immigration in Großbritannien.[56] Unter dem Foto ist der folgende Kommentar zu lesen: „MANY YOUNG WOMEN arrive alone, some in woollen clothes prepared for a British summer, others in cotton dresses fit only for a tropical sun."[57] Die Tatsache, dass Frauen alleine reisen und emigrieren, wird (weil deutlich erwähnt) als unüblich oder Überforderung für die betroffenen Frauen angezeigt. Dabei wird die ad-

---

56 Vgl. Stuart Hall, a.a.O., S. 84-85.
57 Ebd., Hervorhebung im Original.

äquate Kleidung zum Messinstrument für die Fähigkeit der Frauen sich an ihre neue Umgebung anpassen oder gewöhnen zu können. Die Worte bringen die allgemeine Skepsis der Herausgeber an der Assimilations- und Integrationsfähigkeit der Einwanderer zum Ausdruck. Die Aufmachung des gesamten Zeitungsartikels beginnt mit der Erklärung: „West Indian immigrants are now arriving in Britian at the rate of 3.000 a month. This year 30.000 are expected. All seek work an homes. Both are becoming difficult to find. Trouble and distress are brewing."[58]

Die gewählte Fotografie ist, wie die Bildbeschreibung gezeigt hat (s. Abschnitt 5.3), für die beabsichtigte Aussage durchaus geeignet. Die Zweifel an der Integrationsfähigkeit, bei gleichzeitiger, bereits erfolgter Immigration der Einwanderer, finden im Bild eine sehr passende Repräsentation. Auf mehreren Ebenen befindet sich die vordere Frau in Magees Fotografie (vgl Abb. 8) zugleich immigriert, aber nicht integriert: Sie sitzt wie auf einer dunklen Insel aus Bank und dunklem Bodenabschnitt in der ansonsten sehr hellen Halle (von der sie sich selbst durch ihre eigene Hautfarbe unterscheidet); sie ist mit ihrer hellen Kleidung und ihren Gepäckstücken zwar auf, aber nicht Teil dieser Insel; und sie ist darüber hinaus durch ihre Haut- und Haarfarbe selbst von ihrer eigenen Kleidung getrennt. Dabei stellt die Kleidung (entsprechend der Bildunterschrift) vielleicht die geeignete Vorbereitung für einen britischen Sommer dar, sie lässt aber die Frau wie in einer fremden, unbekannten Hülle erscheinen.[59]

Stuart Hall liest die Fotografie in seinem oben benannten Aufsatz[60] auf andere Art. Für ihn ist das Bild eines von vielen Beispielen für Fotografien, die die Geschichte der Ansiedlung von Schwarzen in Großbritannien abbilden. Er betrachtet die Fotografie Magees im Rahmen ihres historischen Kontextes und

---

58 Ebd.
59 Vgl. im Kontrast hierzu insbesondere die ähnliche Farbwahl in der Darstellung der Kleidungs- und Hautfarbe der Personen in Langes Bild.
60 Stuart Hall: Rekonstruktion, a.a.O.

mehr noch, im Rahmen einer ganz bestimmten Auslegung dieses Kontextes. Für Hall sind die Einwanderer der 1950er Jahre mutige, entschlossene und höchst tatkräftige Personen, von denen die Fotografien Zeugnisse ablegen. Er wendet sich dabei bewusst gegen eine Lesart, die in den Emigranten aus den britischen Kolonialländern „ahnungslose Primitive oder lächelnde Landmenschen"[61] sieht, die von der Auswanderung völlig überfordert oder nicht in der Lage sind, sich zu integrieren:

> „Diese Leute haben soeben die längste, schwierigste Reise ihres Lebens überstanden. Sie kommen wahrscheinlich aus einer Stadt wie Kingston, die in ihrer Armut und in ihrem Stil nicht weniger Bedeutend und aufregend ist als jede andere kleine Kolonialhauptstadt. Sie haben ihre Wurzeln gekappt, eine - gemessen an ihrem durchschnittlichen Jahreseinkommen - enorme Summe zusammengespart und damit ein inkognito unter irgendeiner panamaischen Billigflagge fahrende Schiffahrtsgesellschaft bezahlt. Die halbe Familie haben sie zurückgelassen, und niemand weiß, wann sie sich je wiedersehen. Sie haben gerade ihre Brücken hinter sich abgebrochen, entschlossen, ein besseres Leben für sich und ihre Kinder zu schaffen."[62]

Für all das sind die Fotografien, wie das besprochene Bild von Haywood Magee, Zeugnisse oder Zeichen im Sinne Halls. Wenngleich Hall eingesteht, dass die Bilder nicht in jeder Hinsicht die angezeigte Lesart wiedergeben, so geht er doch davon aus, dass die *Möglichkeit* besteht, in ihnen Zeichen des Mutes, der Entschlossenheit oder der Tatkraft an den dargestellten Personen zu erkennen:

> „All das mag *außerhalb des Bildes* liegen, aber es schlägt sich im Bild als eine Art *Unschuld* nieder. [...] Und das kann man auch im

---

61 Vgl. Stuart Hall, a.a.O., S. 78.
62 Stuart Hall, a.a.O., S. 79.

Bild sehen, wenn man weiß, wo man hinschauen muß. Die Leute sind in Schale geworfen für die - im buchstäblichen und übertragenen Sinne - längste Reise ihres Lebens. Die Jamaikaner reisten - wie sie zur Kirche oder auf Verwandtenbesuch gingen - in ihrem Sonntagsstaat, dem besten Stück, das sie im Kleiderschrank hatten. Sie kamen an einen neuen Ort. Ihre Kleidung ist die von Leuten, die entschlossen sind, da wo sie hingehen, Eindruck zu machen. Ihre Formalität ist ein Zeichen von Selbstachtung. Dies sind keine Migrationsopfer wie Hine's Juden[63] und Osteuropäer im New York der Jahrhundertwende. Diese Leute wollen überleben."[64]

5.5 Eine kontextabhängige Bedeutung

Gibt die Fotografie von Haywood Magee (Abb. 8) dieses überleben Wollen, diese Entschlossenheit bei gleichzeitiger Unschuld, wie Hall sie beschreibt, wieder? Die Bildbeschreibung von oben (vgl. Abschnitt 5.3) hat etwas anderes gezeigt. Wiewohl die abgebildeten Frauen ordentliche (unzerschlissene, vermeintlich saubere) Kleidung tragen, wiewohl ihre Frisuren nicht zerzaust, ihre Gesichter nicht abgekämpft und müde (von einer anstrengenden Reise) wirken, wie sehr also bei entsprechender Lesart tatsächlich Spuren zu erkennen sind, die als Hinweise auf die Absicht, einen guten Eindruck machen zu wollen, interpretiert werden können, so bringt das Bild selbst diese Absicht nicht zum Ausdruck. Die zuvorderst abgebildete Frau blickt zwar direkt in die Kamera, was dieser Blick sagt, ist aber nicht zu erkennen. Die Entstehung der Bilder Dorothea Langes und Arthur Rothsteins hat gezeigt, dass der Blick vor der Kamera nichts mit der tatsächlichen Stimmung der abgebildeten Personen zu tun haben muss (s. Abschnitt 5.1). Das heißt, es geht aus der Fotografie Magees nicht hervor, ob die dargestellte Frau (im Bildvordergrund) stolz oder

---

63 Dabei handelt es sich um den Hinweis auf Edward Hines Buch mit dem Titel „Forty-Seven Identifications of the British Nation with the Lost Ten Tribes of Israel" aus dem Jahr 1878 und dessen Untersuchung zur Bedeutung der Umsiedlung des Volkes Israel (überliefert im Alten Testament, also vor Christus und unserer Zeitrechnung) für die britische Nation.

64 Stuart Hall, a.a.O., S. 79. Inwiefern der angebrachte Vergleich mit „Hine's Juden" und den „Osteuropäern der Jahrhundertwende" zulässig bzw. stimmig ist, kann hier nicht untersucht werden. Es bleibt aber zu bedenken, ob größere Migrationsbewegungen möglich gewesen wären, wenn die Beteiligten/Betroffenen nicht die entschlossene Absicht gehabt hätten, zu überleben.

aufgeregt, erwartungsvoll oder ängstlich, schüchtern oder neugierig u.v.m. ist. Genausowenig gibt das Bild irgendeinen Hinweis auf die Lage, die Herkunft, den Hintergrund oder die Absicht einer der dargestellten Personen. Der einzige Hinweis, den das Bild wirklich gibt, beschränkt sich auf die Organisation und Zusammenstellung der Bildfläche. Diese sagt nichts über die Lage der Einwanderer, sie sagt allerdings etwas über die Perspektive, die auf deren Lage gegeben wird, und die im Bild Haywood Magees Isolation, Auslieferung oder fehlende Eingebundenheit zum Ausdruck bringt.

In diesem Sinne kann die Bedeutung, die Hall der Fotografie gibt, nur als Versuch verstanden werden, das Bild mit der Absicht einer bestimmten Interpretation der historischen Situation, in der es entstand, zu deuten. Wenn die dargestellten Personen vor dem Hintergrund ihrer langen und schwierigen Reise, die sie hinter sich gebracht haben, vor dem Hintergrund des Abschieds von ihren Familien, des Mutes zum Aufbruch und Neuanfang (bei großer finanzieller Hürde und in einem völlig unbekannten Land) betrachtet werden, dann wird womöglich auf der Fotografie Magees eine Unschuld oder ein Mut an ihnen gesehen.. Die Geschichte der Ansiedlung von Schwarzen in Großbritannien führt damit aus der Perspektive der Einwanderer, wie Hall sie erzählt, zu einer Wahrnehmung der Fotografie, die auf ihr etwas sieht, was sie nicht direkt zeigt.[65] Wiewohl die Lage der Einwanderer durch die Beschreibung Halls weitaus realistischer betrachtet sein mag, als sie von den Redakteuren des Artikels der *Picture Post* betrachtet wurde[66], so ist das verwendete Foto weit mehr ein Repräsentant für die Interpretation der Zeitung als für diejenige Halls.

---

65 Um in Halls eigenen Worten zu sprechen, wird damit nur eine weitere Bedeutungsschicht über die Fotografien gelegt, die sie verortet, zum Einsatz bringt und neu positioniert. Vgl. Stuart Hall: Rekonstruktion, a.a.O., S. 75 und Abschnitt 5.2 dieser Arbeit.

66 Vgl. Stuart Hall, a.a.O., S. 82ff. Die Frage nach der Sichtweise der Lage der Einwanderer kann an dieser Stelle nicht untersucht werden.

6. Die Fotografie und was auf ihr gesehen wird

Vor dem Hintergrund der bisherigen Untersuchungen ist der Schluss zulässig, dass Fotografien auf drei unterschiedliche Arten betrachtet werden können und eine Aussage oder Bedeutung erhalten. Um noch einmal auf die Fotografien des ersten Kapitels zurück zu kommen (vgl. Abb. 1-3), so kann nun gefolgert werden, dass ihre interne Organisation zur Herstellung dreier unterschiedlich enger/begrenzter Räume führt. Das ist die erste Form, diesen Fotografien zu begegnen. Darüber hinaus können die Fotografien im Kontext etwa einer Reportage (zum Beispiel zur Problematik des Gerüstbaus in engen Gassen) zu einer Wahrnehmung von drei vergleichbar engen Räume führen. Das ist die zweite Form, ihnen zu begegnen. Und zuletzt kann der Gebrauch der Fotografien etwa im Rahmen einer Aufklärungskampagne (zum Beispiel zur Gefahr des Überfalls in engen Gassen) zur Repräsentation einer solchen Gasse durch die Bilder zwei und drei, vermutlich nicht aber durch Bild eins führen. Das ist die dritte Form, den Bildern zu begegnen.

Nur im ersten Fall werden die Bilder tatsächlich als Bilder, also unabhängig von irgendeinem weiteren Nutzen oder einem Rückschluss auf die Außenwelt wahrgenommen. Im zweiten Fall wird unter Verwendung der Fotografien etwas gesehen, was diese selbst nicht zeigen, höchstens Spuren liefern. Und im dritten Fall werden die Bilder für etwas gehalten, das außerhalb ihrer selbst nicht oder nicht entsprechend existiert.

Offensichtlich verändert sich also die Wahrnehmung einer Fotografie, wenn sie in einen bestimmten Kontext gestellt wird, und offensichtlich wird sie dabei zum Abbild eines entweder variablen (in Abhängigkeit zum Kontext) oder höchst spekulativen (in Abhängigkeit zur vorgestellten Aufnahmesituation) Referenten ihrer selbst. In anderen und oben bereits gebrauchten Worten: Die Pfeife *als* Bild wird nicht selten zur Pfeife *auf* dem Bild. Die bildliche Wirklichkeit führt zum Rückschluss auf eine äußere Wirklichkeit oder wird in entsprechendem Rahmen zu einer kontextabhängigen Wirklichkeit gemacht.

Wie aber kann es sein, dass Fotografien anders Wahrgenommen oder das Wahrgenommene für etwas gehalten wird, was es nicht ist? Wird nicht „richtig" hingeschaut, um den Unterschied zwischen Bild und Außenwelt, wie mit Snyder beschrieben (vgl. Abschnitt 4.2), zu erkennen? Oder wird „geträumt", wenn auf einer Fotografie etwas gesehen wird, was diese garnicht abbildet? Was wird hier also gesehen?

Im dritten Kapitel dieser Arbeit wurde unter Bezug auf Max Imdahl und seine Untersuchungen „Zum Verhältnis zwischen Bildautonomie und Gegenstandssehen"[67] die Frage gestellt, auf welche Art das fotografische Bild die Wahrnehmung reiner (das heißt, nicht gegenständlicher) Sichtbarkeitswerte, *vor* ihrer gegenständlichen Bedeutung und Einbettung in den repräsentierten Raum einer Fotografie, möglich macht. In allen bisherigen Bildbeschreibungen - den eingangs beschriebenen Fotografien zu den Abbildungen enger Räume (Abb. 1-3) und den Bildern die im Zusammenhang ihrer historischen Verwendung untersucht wurden (Abb. 6-8) - konnte gezeigt werden, dass Sichtbarkeitswerte wie die Schärfe des Farbkontrastes, die Aufteilung der Bildfläche in erkennbare Teilflächen, die farbliche Abgrenzung oder Angleichung bestimmter Gegenstände oder Körperteile untereinander uvm. ganz wesentlich zur Herstellung der bildlichen Wirklichkeit beitragen. Das heißt, die einzelnen Gegenstände, Personen, Orte werden im Bild nicht nur auf unterschiedliche Art und Weise *dargestellt*, sondern mit ihrer Darstellung erst zu wiedererkennbaren Gegenständen *gemacht*. In anderen Worten: Erst über die formale Konstruktion der Bildfläche, die im Sinne Imdahls mit dem „sehenden Sehen"[68] erkennbar wird, werden die Gegenstände als Gegenstände sicht-

---

67 Max Imdahl: Cézanne-Braque-Picasso. Zum Verhältnis zwischen Bildautonomie und Gegenstandssehen, a.a.O., S. 9-50.
68 Max Imdahl, a.a.O., S. 10ff. Vgl. auch Abschnitt 3.1 dieser Arbeit.

bar. Die vordere Frau in Bild acht wäre nicht - als Frau - erkennbar, wenn eine vor ihr stehende Person einen Schatten auf sie werfen würde, der sie im Bild als undefinierbare, auf der Bank sitzende, Gestalt abbildete. Das Kind in den Armen der Frau in Bild sieben würde nicht - als kleines Kind - erkennbar sein, wenn der untere Teil der Fotografie überbelichtet wäre und zwischen Frau und Kind keine farblich-lineare Unterscheidung auszumachen wäre. Genauso ist es möglich, dass im Innenraum des Holzverschlags in Bild sechs, unmittelbar hinter der Frau und dem Kind, zum Zeitpunkt der Bildaufzeichnung eine/mehrere weitere Person/en stand/en, die im Bild, alleine aufgrund des ausbleibenden Lichteinfalls im Holzverschlag nicht abgebildet sind.

Das, was in einer Fotografie gesehen wird, ist also immer schon das Ergebnis seiner rein formalen Konstruktion. Strenggenommen geht damit dem wiedererkennenden Sehen immer das sehende Sehen - als das, was *überhaupt* im Bild sichtbar und damit hergestellt ist - voraus. Niemand, abgesehen von den anwesenden Personen zum Zeitpunkt der Bildaufzeichnung, kann mehr sagen, was sich in den referentiellen Räumen der Bilder 6-8, zusätzlich zu den Gegenständen und Personen die die Fotografien zeigen, eventuell noch befand. Eine bestimmte Perspektive, ein merkwürdiger Winkel, ein (un)günstiger Schatten uvm. kann etliches an der Aufzeichnung gehindert haben; ohne dass der/die unwissende Bildbetrachter/in davon irgendetwas mitbekäme.

Genauso kann aber auch etliches auf den Bildern zu sehen sein, was zum Zeitpunkt der Aufnahme nicht gesehen wurde. Das links neben der Frau stehende Kind in Rothsteins Fotografie (Abb. 6) sieht etwa so aus, als würde es sich an der linken Hand kratzen. Möglicherweise war das zum Zeitpunkt der Bildaufnahme nur ein Innehalten in einem ganz anderen Bewegungsablauf, der, im Interesse einer scharfen Fotografie nur unterbrochen wurde. Im Bild sieht es nun wie ein Kratzen aus. Die beiden älteren Kinder in Langes Fotografie (Abb. 7) sehen von hinten so aus, als hätten sie sehr ordentliche, jüngst geschnittene (lediglich ungekämmte) Haare. Da dieser Umstand nicht unbedingt in die armen und prekären Lebensverhältnissen, die das F.S.A. Programm darzustellen beabsichtigte, passt,[69] ist die Vermutung berechtigt, dass dieses Detail bei der Aufnahme nicht so deutlich gesehen wurde wie nun im Bild. Auf gleiche Art zeigt die Fotografie Haywood Magees (Abb. 8) jene von Hall beschriebene (wenn auch von ihm am Bild überinterpretierte, vgl. Abschnitt 5.5) Ordentlichkeit in Kleidung, Frisur, Hüten und Taschen der dargestellten Frauen, die auch (wie Hall dies tat) entgegen den Kommentaren des Zeitungsartikels, in dem die Bilder erschienen (vgl. Abschnitt 5.4), gelesen werden können.

6.1 Das optisch-Unbewusste in der Fotografie bei Walter Benjamin

Ein Verweis, der an dieser Stelle wohl nicht ausgelassen werden kann, ist derjenige zum Begriff des „optisch-Unbewussten"[70] in der Fotografie, den Walter Benjamin ins Spiel brachte. Er trifft im Grunde die bereits erwähnten Beobachtungen Diane Arbus (vgl. Abschnitt 4.2), die als Fotografin ihre Überraschung über das fertige Bild und damit den Moment des Unerwarteten oder nicht Vorhersehbaren in der Fotografie zum Ausdruck bringt. Bei Benjamin geht es genau um diesen Moment, wenngleich er ihn anders deutet:

> „Ist es schon üblich, daß einer, beispielsweise vom Gang der Leute, sei es auch nur im Groben, sich Rechenschaft gibt, so weiß er bestimmt nichts mehr von ihrer Haltung im Sekundenbruchteil des »Ausschreitens«. Die Photographie mit ihren Hilfsmitteln: Zeitlupe, Vergrößerungen erschließt sie ihm. Von diesem optisch-

---

69 Möglicherweise wurde den Kindern eigens zu Zwecken der fotografischen Aufnahme im Vorhinein (evt. von ihrer Mutter) die Haare geschnitten. Diese Interpretation würde mit der Absicht der Dargestellten, sich ordentlich kleiden und aussehen zu wollen, einhergehen. Vgl. Abschnitt 5.1 dieser Arbeit.

70 Vgl. Walter Benjamin: Kleine Geschichte der Fotografie. In: Ders.: Das Kunstwerk im Zeitalter seiner technischen Reproduzierbarkeit. Drei Studien zur Kunstsoziologie. Frankfurt a.M. 1963, S. 45-64, hier S. 50.

Unbewussten erfährt er erst durch sie, wie von dem triebhaft-Unbewussten durch die Psychoanalyse."[71]

Wenn Benjamin das fotografische Bild mit der Psychoanalyse vergleicht, macht das deutlich, dass er die Fotografie nur als ein Medium, als Träger einer Information, die Aufschluss über etwas anderes gibt[72], begreift. Dieses Andere kann durch die Fotografie über das menschliche Erinnerungsvermögen hinaus, wie das Unbewusste in der Psychoanalyse, festgehalten und gespeichert werden. In diesem Sinne macht die Fotografie etwas deutlich, was im Moment der Aufnahme undeutlich, unbemerkt oder eben unbewusst war, aber *da* war. Das, was die Psychoanalyse in einem langwierigen Prozess des Wieder-Erinnerns vom Unbewussten ins Bewusstsein zurückholt[73], wird in der Fotografie, so Benjamin, vom Unbemerkten im Moment der Bildaufzeichnung ins Bemerkte und Sichtbare des fertigen Abzuges geholt:

> „Alle Kunstfertigkeit des Photographen und aller Planmäßigkeit in der Haltung seines Modells zum Trotz fühlt der Beschauer unwiderstehlich den Zwang, in solchem Bild das winzige Fünkchen Zufall, Hier und Jetzt, zu suchen, mit dem die Wirklichkeit den Bildcharakter gleichsam durchgesengt hat, die unscheinbare Stelle zu finden, in welcher, im Sosein jener längstvergangenen Minute das Künftige noch heut und so beredt nistet, daß wir, rückblickend, es entdecken können."[74]

---

71 Ebd.
72 Als „transparente, leichte Hülle" mit Barthes, vgl. Abschnitt 4 dieser Arbeit.
73 Vgl. in diesem Zusammenhang die Erklärungen Sigmund Freunds selbst, die er zur psychoanalytischen Technik anstellt und von denen Benjamin in seinen Überlegungen vermutlich ausging: „Unser Wissen [das, des Psychoanalytikers, J.T.] soll sein Unwissen [das, des Kranken, J.T.] gutmachen., soll seinem Ich die Herrschaft über verlorene Bezirke des Seelenlebens wiedergeben. In diesem Vertrag besteht die analytische Situation." Dabei liefert der Kranke dem Analytiker „eine Fülle von Material, Gedanken, Einfällen, Erinnerungen, die bereits unter dem Einfluss des Unbewußten stehen, oft direkte Abkömmlinge desselben sind und die uns also in den Stand setzen, das bei ihm verdrängte Unbewußte zu erraten und durch unsere Mitteilung die Kenntnis seines Ichs von seinem Unbewußten zu erweitern." Sigmund Freud: Abriss der Psychoanalyse. Einführende Darstellungen. Einleitung von F.-W. Eickhoff. Sechste, unveränderte Auflage, Frankfurt a.M., 1998, S. 68-69.
74 Walter Benjamin, a.a.O., S. 50.

Es geht um eine nachträgliche Entdeckung oder Erinnerung dessen, was im Moment der Bildaufzeichnung stattgefunden hat, was aber nicht gesehen wurde. Das, was rückblickend gesehen wird, kann aber nur *rück*-blickend gesehen werden, nur Unbewusst genannt werden, wenn es im Moment der Aufzeichnung bereits existierte. Wenn Benjamin am fotografischen Bild die Suche nach dem „Hier und Jetzt", der (noch so zufälligen) Wirklichkeit oder der „längstvergangene Minute" beschreibt, dann ist die Fotografie für ihn ein nicht gesehener, ein verpasster oder ein längst vergessener Referent. Dieser Referent wird durch das Bild lediglich am Vergessen, Verpassen und Nicht-Gesehen-Werden gehindert. Er wird aber nicht im Bild selbst erst *hergestellt*.

Damit ist das optisch-Unbewusste bei Benjamin nicht das Moment an der Fotografie, das sie von ihrem Referenten befreit, sondern gerade dasjenige, das sie an ihren Referenten bindet. In anderen Worten: Wenn das Kind in Arthur Rothsteins Fotografie (Abb. 6) sich kratzt, dann zeigt das im Sinne Benjamins eine Wirklichkeit, die vielleicht *ohne* das Bild übersehen worden wäre; nicht aber eine, die vielleicht ohne das Bild garnicht *existiert* hätte.

6.2 Das, was auf einer Fotografie nicht gesehen wird

Wie kann es nun sein, dass etwas in einer Fotografie sichtbar gemacht wird, dass es tatsächlich zum ersten Mal wahrgenommen wird, dass es vom/von der Bildproduzenten/in ungeplant, unbeabsichtigt und wie zufällig auf der Fotografie erscheint, und dennoch nur für den Hinweis auf einen (unbemerkten, unbewussten) Referenten der Aufnahmesituation gehalten wird? Weshalb wird nicht bemerkt, dass der Ort einer Fotografie sich deutlich von dem der Aufnahmesituation unterscheidet, ja möglicherweise kaum mehr etwas mit diesem gemein hat? Weshalb wird gesagt »Sieh, hier, das ist mein Bruder;

das bin ich als Kind«[75], anstatt zu sagen „Sieh, hier, das ist eine (schöne, merkwürdige, ungewöhnliche, traurige, fröhliche usw.) *Darstellung* von meinem Bruder, von mir, als Kind"? Und weshalb wird selbst im Falle der Darstellung vermutlich eher gesagt „Sieh, hier, da sieht mein Bruder aber fröhlich, merkwürdig usw. aus", anstatt zu sagen „Sieh, hier, da hat der/die Fotograf/in meinen Bruder aber fröhlich, merkwürdig usw. aussehen *lassen*"?

Wenn eine Fotografie für die Widerspiegelung eines (bemerkten oder unbemerkten) Ereignisses gehalten wird, wenn sie also alleine für das Abbild des ganz bestimmten Referenten der Aufnahmesituation gehalten wird, dann kann das nur bedeuten, dass irgendetwas am Bild *nicht gesehen* wird. Das heißt, wenn die Fotografien Arthur Rothsteins und Dorothea Langes im Rahmen des F.S.A. Projektes (vgl. Abb. 6 und 7, Abschnitt 5.1-5.3) dafür gehalten werden, die Lage der U.S.-Landbevölkerung Anfang des 20. Jahrhunderts widerzuspiegeln, dann kann das nur bedeuten, dass an den Bildern ihre Bildhaftigkeit nicht bemerkt wird. Und wenn Stuart Hall im Bild Haywood Magees vordergründig jene Unschuld und Entschlossenheit erkennt, die er den britischen Einwanderern in den 1950er Jahren zuschreibt (vgl. Abschnitt 5.4), dann kann das nur bedeuten, dass er die Details im Bild, die auf die farbliche Isolation der Frau im Vordergrund hinweisen, nicht bemerkt.

Anders ist es nicht zu erklären, dass den Bildern eine Bedeutung zugesprochen wird, die (im Sinne Halls) alleine von ihrer Positionierung, Verortung und Einsetzung abhängt.[76] Und um es noch deutlicher zu machen: Wenn auf den Fotografien (Rothsteins, Langes, Magees) alles gesehen werden würde, was diese zeigen, dann müsste deren formale Komposition, deren bildinterne Organisation, bei gleichzeitiger Differenz zum gewöhnlichen Sehen (wie mit Snyder beschrieben)[77] eigentlich bemerkt werden können. Und wenn diese

---

75 Roland Barthes: Die helle Kammer, a.a.O., S. 13. Vgl. Abschnitt 4 dieser Arbeit.
76 Stuart Hall: Rekonstruktion, a.a.O., S. 75 und Abschnitt 5.2 dieser Arbeit.
77 Vgl. Abschnitt 4.1 dieser Arbeit. Abigal Solomon-Godeau schreibt dazu ebenfalls: „Während das natürliche Sehen und die natürliche Wahrnehmung keinen Fluchtpunkt besitzen, binokular [mit beiden

formale Komposition, die bildinterne Organisation, die Differenz zum alltäglichen Sehen bemerkt werden würde, dann müssten die Bilder eigentlich *als Bilder,* das heißt, ohne eine zusätzliche, kontextbezogene Aussage (es sei denn einer Aussage über die Perspektive der Bildproduzenten/innen), also als bildinterne Wirklichkeit verstanden werden. Wäre das aber der Fall, dann dürften die Fotografien nicht für eine *Wiedergabe* der Situation der U.S.-Landbevölkerung der 1920er Jahre, bzw. eine *Repräsentation* der Lage der britischen Einwanderer der 1950er Jahre gehalten werden. Die Tatsache, dass sie dafür gehalten werden (oder im Falle des F.S.A. Projektes dafür gehalten werden sollen), lässt also den Schluss zu, dass auf den Fotografien einiges nicht gesehen wird (oder gesehen werden soll).

6.3 Das Bild als ein Sehangebot mit Max Imdahl

Max Imdahl verweist in seinem Aufsatz zur „Identität des Bildes"[78] auf das „Bild als einem Sehangebot, das Identität besitzt, insofern es durch keine außerikonische [außerhalb des Bildes liegende, J.T.] Sichtbarkeit zu substituieren ist."[79] Entscheidend ist hier der Begriff des „Sehangebots". Das heißt, Imdahl beschreibt am Beispiel ausgewählter Bilder der Renaissance bis zur Gegenwart auf welche Art ein Bild dem/der Betrachter/in durch seine Komposition und Darstellungsform eine Bilderfahrung vermittelt, die immer schon ein ganz bestimmtes Verhältnis zwischen Bildbetrachter/in und Abbildung festlegt oder vorherbestimmt. Die Identität des Einzelbildes bestimmt sich in die-

---

Augen, bei gleichzeitiger Wahrnehmung nur *eines* Bildes und darum räumlich, J.T.] und unbegrenzt sind, sich in ständiger Bewegung befinden und an den Rändern an Schärfe verlieren, liefert das Kamerabild [...] ein statisches, einheitliches Feld, in dem orthogonale Linien auf einen einzelnen Fluchtpunkt zulaufen."Abigail Solomon-Godeau: Wer spricht so? Einige Fragen zur Dokumentarfotografie, a.a.O., S. 70-71.

78 Max Imdahl: Überlegungen zur Identität des Bildes. In: Odo Marquard, Karlheinz Stierle (Hg.): Identität. Reihe Poetik und Hermeneutik, Band VII. München 1979, S. 187-211.

79 Max Imdahl, a.a.O., S. 187.

sem Sinne nach der Möglichkeit, ein ganz bestimmtes Sehangebot[80] darstellen zu können, das weder mit einer außerikonischen, also außerhalb des Bildes liegenden Wirklichkeit in eins gesetzt werden kann, noch durch eine bestimmte Voreinstellung verändert oder abgewandelt werden kann. In anderen Worten: Das Bild liefert immer schon seine eigene Anschauung mit. In dieser Interpretation grenzt sich Imdahl auch deutlich von einem Wahrnehmungsverständnis ab, das die Bildwahrnehmung (nur) als das Ergebnis einer subjektiven Vorstellung vom Bild, nicht aber einer Ansicht des Bildes selbst begreift.[81]

Etwa am Beispiel des Bildes „Die Mühle von Wijk" von Jacob van Ruisdael (um 1670, vgl. Abb. 9)[82] erläutert Imdahl, wie der perspektivische Aufbau des Gemäldes den/die Betrachter in eine festgelegte Position zum Bild versetzt. Dadurch, dass Ruisdael die Mühle aus der Unteransicht und Nähe betrachtet darstellt, sie aber in eine Landschaft setzt, die aus der Ferne gesehen ist, wird dem/der Bildbetrachter/in „sein eigenes Die-Mühle-aus-der-Nähe-Sehen auf Distanz gebracht."[83] Das heißt, der/die Betrachter/in wird durch den mehrperspektivischen Aufbau des Bildes (einmal aus der Nähe und einmal aus Distanz) in eine Position zur Mühle und zur Landschaft versetzt, in der er/sie

---

80 Man könnte hier auch von einer „Seh-Disposition" sprechen, insofern das Angebot nicht abgelehnt oder verhandelt werden kann.

81 Dabei bezieht sich Imdahl auf Arbeiten Maurice Merlau-Pontys und Jean Paul Sartres: „Gemäß den Theorien von Sartre und Merlau-Ponty […] ist das Bild oder Bildwerk das materielle, wahrnehmbare Analogon dessen, was es in der Vorstellung wachruft, wobei - gerade dies betrifft wiederum die Frage nach der Identität und Nichtsubstituierbarkeit des Bildes - die Wahrnehmung des materiellen Analogons als eines Anwesenden der Vorstellung als der Vergegenwärtigung eines Abwesenden zum Opfer fällt. Dem entspricht, das beide Autoren die Beschaffenheit des materiellen, wahrnehmbaren Analogons nicht eigens diskutieren." Max Imdahl, a.a.O., S. 187. Das heißt, Sartre und Merlau-Ponty gehen in ihren Theorien auf die Organisation und Komposition der tatsächlichen Bildfläche nicht ein. In diesem Sinne sieht Imdahl deren Interpretation notwendig auf der Vorstellung vom Bild, nicht aber dem Bild selbst, dem materiellen (höchst unterschiedlichen) Analogon, aufbauend. Eine genauere Diskussion dieser grundsätzlichen Unterscheidung kann hier leider nicht unternommen werden. Vgl. dazu weiter die Arbeiten von Sartre und Merlau-Ponty, auf die Imdahl sich bezieht: Jean Paul Sartre: Das Imaginäre. Phänomenologische Psychologie der Einbildungskraft. Aus dem Französischen von Hans Schöneberg. Hamburg 1971. Maurice Merleau-Ponty: Das Auge und der Geist. Philosophische Essays. Übersetzt von Hans Werner Arndt. Hamburg 1967.

82 Vgl. Max Imdahl, a.a.O., S. 200-201.

83 Ebd.

sich notwendig immer unterhalb der Mühle stehend und zugleich aus der Ferne auf diese Unteransicht und Landschaft blickend sieht. Diese Inszenierung der Mühle nimmt Imdahl auch zum Anlass, sie als sogenannten „Bildhelden"[84] im Gemälde von Ruisdael zu bezeichnen.

Abbildung 9: Jacob van Ruisdael: Mühle von Wijk (um 1670)

In einem weiteren Beispiel stellt Imdahl ein Bild Josef Albers („strukturale Konstellation", um 1957/58)[85] vor. Bei dem Bild handelt es sich um eine symmetrische Zusammenstellung aus Quadern, die ein räumliches Überblicken des Bildganzen für den/die Betrachter/in unmöglich machen.

„Jede Linie, jeder Winkel, jeder Richtungswert tritt unter der

---

84 Ebd.
85 Vgl. Max Imdahl, a.a.O., S. 203 und 206. Imdahl selbst entnimmt das Bild aus Josef Albers Buch: Trotz der Geraden - Eine Analyse seiner graphischen Konstruktionen von F. Bucher mit erklärenden Texten von Josef Albers. Bern 1961, S. 50.

Bedingung einer inversionssymmetrischen [in sich gespiegelten, J.T.] Ebenenordnung zweimal auf: was links oben erscheint, erscheint in Umkehrung rechts unten."[86]

Das heißt, die einzelnen Quader sind so miteinander verbunden, dass ein räumlich Sehen nur für die linke obere oder die rechte untere Bildhälfte möglich wird. Der/die Betrachter/in wird durch diese Konstellation zu einem permanent wechselnden Blick - von links oben nach recht unten, von rechts unten nach links oben usw. - bewegt und hat, bei Ansicht des Bildganzen, keine Möglichkeit sich diesem Wechsel zu entziehen. Auf diese Art wird also auch hier alleine durch die Komposition des Bildes dessen Ansicht, also das Bild-Betrachter/innen Verhältnis festgelegt.

Für die vorliegende Arbeit geht es nun weniger um eine Diskussion der identitätsbedingten Wahrnehmung von Bildern wie Imdahl sie vorstellt[87] (also nicht um die Frage, ob durch den Aufbau von Bildern deren Wahrnehmung in jedem Fall vorherbestimmt wird oder im Sinne eines Seh-*angebots* nur vorherbestimmt werden *kann*), sondern vielmehr um die Feststellung, dass eine Vorstellung vom Bild als nicht substituierbarem Sehangebot offensichtlich zu einer sehr detaillierten *Betrachtung* des Bildes selbst führt. Das heißt, unabhängig davon wie sehr ein Bild tatsächlich durch seinen Aufbau, seine Komposition, seine perspektivische Organisation usw. die Wahrnehmung bestimmt, führt die Vorstellung vom „Bild als Sehangebot, dass Identität besitzt"[88] offensichtlich zu einem Umgang mit Bildern, der (wie oben bereits am Analyseinstrument des sehenden Sehens beschrieben, vgl. Abschnitt 3.1) über die Komposition eines Bildes dessen bildliche Wirklichkeit wahrnimmt. Auch wenn Imdahl sich in seinen Arbeiten ausschließlich auf die Malerei be-

---

86 Max Imdahl, a.a.O., S. 207.
87 Wie oben bereits angemerkt bedürfte es zu einer Diskussion dieser Idee einer genaueren Auseinandersetzung und Gegenüberstellung mit den Theorien Maurice Merlau-Pontys und Jean Paul Sartres zum Bild der Vorstellung oder der Imagination (von denen Imdahl sich abhebt); diese kann hier leider nicht geleistet werden.
88 Max Imdahl, a.a.O., S. 187.

zieht, so lässt sich eine perspektivische, kompositorische, am Aufbau des Bildes orientierte Betrachtung, wie mehrfach gezeigt wurde, auch auf die Fotografie übertragen.[89] Entscheidend ist nur, dass das kaum passiert.

6.4 Der stumpfe Sinn bei Roland Barthes

In seiner Aufsatzsammlung zum „entgegenkommenden und stumpfen Sinn"[90] setzt sich Roland Barthes zwar ausführlich mit Fotogrammen des Filmes „Panzerkreuzer Potemkin" von Sergei Mikhailovich Eisenstein (aus dem Jahr 1925) auseinander, geht in seiner Betrachtung und Beschreibung der Fotogramme allerdings nie über eine ikonografische (das heißt hier, an eine bereits erfolgte Bedeutung des Bildes angelehnte) Beschreibung hinaus. Eine rein formale Beschreibung der Fotogramme, so wie Imdahl sie etwa am Beispiel des Bildes „Femme a la Guitarre" von Braque vornimmt, oder eine perspektivische Beschreibung wie an Ruisdaels Bild „Die Mühle von Wijk" vorgeführt, ist bei Barthes nicht zu finden. Wiewohl Barthes in seiner Untersuchung den sogenannten „stumpfen Sinn" (auch „dritter Sinn"[91]) gerade dadurch vom sogenannten „entgegenkommenden Sinn" (auch „zweiter Sinn")

---

89 Dazu sei angemerkt, das Max Imdahl, der in seinem Aufsatz „Ikonik. Bilder und ihre Anschauung" (In: Gottfried Boehm (Hg.): Was ist ein Bild. 4. Auflage, München 1996, S. 300-324, hier S. 320ff.) eine Raumplastik von Norbert Kricke („1975/K VI) mit einer Zeichnung von Kricke („76/10") vergleicht, im Falle der Plastik nur von einer Fotografie derselben ausgeht und diese zur Grundlage des Sprechens über die Plastik selbst macht (was auch daran zu erkennen ist, das die tatsächlichen Ausmaße der Plastik, ihre Beschaffenheit und genaue Textur, im Aufsatz nicht erwähnt werden.) In diesem Vergleich wird die Fotografie immer nur als eine (von vielen) Perspektiven auf die Plastik bezeichnet, selbst aber nicht Gegenstand der Untersuchung: „Denn schon ein erster, flüchtiger Blick gibt zu erkennen, daß das Foto der Raumplastik diese selbst nur in einer unter anderen möglichen Ansichten zeigt, daß also das Foto nicht ist, was es zeigt." (Max Imdahl, a.a.O., S. 320.) Hier wird also ein Rückschluss vom Foto zum Referenten des Bildes unternommen, so, als ließe sich durch die eine, im Bild gegebene Perspektive auch auf alle anderen (der angenommenen Plastik) schließen. Die Tatsache, dass dabei das Foto (im Gegensatz zur Zeichnung von Kricke) nicht eigens untersucht oder genauer beschrieben wird, zeigt an, dass dem verwendeten Bild auch keine eigene Bedeutung zugesprochen wird. In anderen Worten: Wenn das Foto bei Imdahl nicht ist, was es zeigt, dann kann auch das, was für das Gezeigte gehalten wird, nicht das Foto sein. Damit ist zumindest ein Hinweis darauf gegeben, das Imdahl selbst sein Verständnis vom Bild als einem „Sehangebot, das Identität besitzt" nicht unbedingt auf die Fotografie überträgt.
90 Roland Barthes: Der entgegenkommende und der stumpfe Sinn. Kritische Essays III. Aus dem Französischen von Dieter Hornig. Frankfurt a.M. 1990.
91 Roland Barthes, a.a.O., S. 47ff.

unterscheidet, dass er ihn als den Signifikanten, also eigentlich die *Form* der Darstellung im Unterschied zum Signifikat als der inhaltlich-gegenständlichen (bei Barthes auch symbolischen) *Bedeutung* versteht, bricht er seine Bildbeschreibung an dem Punkt, an dem sie in eine formale Analyse dieses Signifikanten übergehen könnte, ab.

Das Fotogramm, an dem Barthes den stumpfen Sinn zuvorderst erläutert, zeigt das Porträt einer älteren Frau vor einem nicht genauer zu erkennenden Hintergrund (möglicherweise einer Menschenmenge, vgl. Abb. 10). Die Frau hält die Augenlider geschlossen, den Kopf leicht zur rechen Schulter gesenkt, den rechen Arm und die zur Faust geschlossene Hand vor der Brust verschränkt und bringt in Barthes eigenen Worten eine „Miene oder Gebärde des Schmerzes"[92] zum Ausdruck. Obwohl Barthes diesen Ausdruck (nur) für die symbolische Bedeutung des Bildes hält (für das Signifikat, den entgegenkommenden Sinn), versteht er den Signifikanten des Fotogramms (die *formale* Darstellung, den stumpfen Sinn), das heißt, das, was Barthes konkret am Bild und dessen formalen Merkmalen feststellt, lediglich als *Zusatz* oder *Ablenkung* von dessen Bedeutung (und nicht etwa umgekehrt die Bedeutung des Bildes als Ablenkung von dessen Signifikant):

> „Angesichts von Bild 5 [Abb. 10, J.T.] gelange ich zum ersten Mal zu der Überzeugung eines stumpfen Sinns. Mir drängt sich eine Frage auf: Was an dieser alten weinenden Frau stellt mir die Frage nach dem Signifikanten? Mir ging rasch auf, daß es nicht die noch so perfekte Miene oder Gebärde des Schmerzes war (die geschlossenen Lider, der verzerrte Mund, die Faust auf der Brust): Dies gehört zur vollen Bedeutung, zum entgegenkommenden Sinn des Bildes [...]. Ich spürte, daß das durchdringende Merkmal, beunruhigend wie ein Gast, der hartnäckig und schweigend dort bleibt, wo man ihn nicht braucht, in der Stirnregion liegen mußte: Die Haube, das Kopftuch hatte etwas damit zu tun. Allerdings verschwindet der stumpfe Sinn im Bild 6 [vgl. Abb. 11, J.T.], wo es

---

92 Roland Barthes, a.a.O., S. 53.

nurmehr eine Botschaft des Schmerzes gibt. Da begriff ich, daß die Art Skandal, Zusatz oder Abdriften, die in diese klassische Darstellung des Schmerzes eingebracht wird, eben einer winzigen Beziehung entsprang: der zwischen der tiefsitzenden Haube, den geschlossenen Augen und dem konvexen Mund [...], einer Beziehung zwischen der »Tiefe« der Haubenlinie, die ungewöhnlicherweise bis zu den Augenbrauen herabreicht, wie bei jenen Verkleidungen, durch die man ulkig und albern wirken möchte, und dem zirkumflexen Aufsteigen der welken, erloschenen, alten Brauen, der übertriebenen Krümmung der gesenkten, aber eng beieinanderstehenden, gleichsam schielenden Lider und dem Balken des halbgeöffneten Mundes, der sich zum Balken der Haube und dem der Brauen metaphorisch gesprochen wie »ein Fisch auf dem Trockenen« verhält."[93]

Abbildung 10: S.M. Eisenstein: Fotogramm aus dem Film Panzerkreuzer Potemkin, Russland 1925. (Barthes Abb. 5)

Man erhält in dieser Beschreibung fast den Eindruck, als versuche Barthes ein wichtiges Detail am Bild, etwas, das gewissermaßen nicht übersehen werden kann, als *zusätzliches* Merkmal, *abgesondert* vom Rest der bereits erfolgten Be-

---

93 Roland Barthes, a.a.O., S. 53-54.

deutung des Bildes erklärbar zu machen. Die auffallende Linienführung des Kopftuches, der geschlossenen Lider und des Mundes der dargestellten Frau wird dabei zu einem *unpassenden* oder *störenden* Merkmal, das in Bezug auf die schmerzvolle Miene und Gestik der Frau den Anstrich der Komik erhält. Besonders die Metapher der *Verkleidung* wird hier also zum Ausdruck für eine Unstimmigkeit die Barthes zwischen dem Signifikant und dem Signifikat des Bildes wahrnimmt. Interessant ist an dieser Stelle, dass der beschriebene Signifikant im zweiten, von Barthes erwähnten Fotogramm (Bild 6, hier Abb. 11) verschwindet. Obwohl auf dieses Bild, bei dem es sich um die Darstellung der (vermutlich) selben Frau, aus gleicher Perspektive, aber mit veränderter Gestik und Mimik handelt, nicht näher eingegangen wird, erklärt Barthes an ihm nicht nur die Abwesenheit des zuvor beschriebenen Signifikanten, sondern sogar die Abwesenheit des stumpfen Sinns überhaupt. Das heißt, der Zusatz oder die Störung, die am ersten Bild wahrgenommen wird, fällt im zweiten Bild weg und es bleibt alleine die Bedeutung des Bildes, die, auch hier, als „Botschaft des Schmerzes"[94] beschrieben wird.

---

94 Ebd.

Abbildung 11: S. M. Eisenstein: Fotogramm aus dem Film
Panzerkreuzer Potemkin, Russland 1925. (Barthes Abb. 6)

Auffallend an dieser Gegenüberstellung ist, dass Barthes einen (wenn nicht *den*) wesentlichen Unterschied zwischen beiden Fotogrammen überhaupt nicht erwähnt: Und zwar die deutliche Überbelichtung des Gesichtes der Frau im ersten (5, hier Abb. 10) im Vergleich zum Gesicht der Frau im zweiten (6, hier Abb. 11) Bild. Die starke Hervorhebung des Mundes, der geschlossenen Augenlider und des Kopftuches in Abgrenzung zu Kopf und Stirn kommt überhaupt nur durch diese Überbelichtung zu Stande. Damit sind das Gesicht der Frau, ihr Hals, das Tuch oder der Kragen, den sie um den Hals trägt, sowie ihre zur Brust gelegte Hand, im Unterschied zum Rest des Fotogramms beinahe weiß. Die Wangen, Ohren, das Kinn, ja selbst die Nase und die einzelnen Finger der geschlossenen Hand sind kaum zu erkennen, so einheitlich hell gehen die einzelnen Körperteile ineinander über. Im Unterschied dazu sind all diese Merkmale im zweiten Bild (6, hier Abb. 11) durch ein wesentlich weicheres, von seitwärts und nicht frontal kommendes Licht[95] zu erken-

---

95 Die Qualität der Fotogramme lässt eine eindeutige Bestimmung der Lichtquelle(n), dadurch, dass nur

nen. Das Halstuch ist im zweiten Bild eindeutig als Stehkragen eines karierten Oberteils auszumachen, die Gesichtszüge sind wesentlich feiner und zeigen Wangenknochen, Augenränder und Falten zwischen Nase, Mund und Kinn. Obwohl die Frau auch hier ein sehr tief sitzendes Kopftuch trägt, fällt es im Gesamtbild wesentlich weniger ins Gewicht als im ersten Bild. So verhält es sich auch mit der ganzen Person. Während im ersten Bild durch die Überbelichtung des Gesichts- und Brustfeldes der Frau eine weiße, beinahe geisterhafte Gestalt hervorsticht, bettet sich die Gestalt im zweiten Bild wesentlich besser in die gesamte Bildfläche ein. In anderen Worten und völlig unabhängig von der tatsächlichen Mimik der Frau, die Person fällt im ersten Bild einfach wesentlich mehr auf als im zweiten Bild.

In *diesem Sinne* stechen die wenigen dunklen Stellen im Gesicht der Frau, die Barthes so deutlich beschreibt, wie eine ungewöhnlich tief sitzende Haubenlinie, eine übertriebene Krümmung der Lieder oder ein Balken des halbgeöffneten Mundes hervor. Und mehr noch, das Gesicht wirkt durch das Fehlen von Gesichtszügen, Schatten und Falten beinahe perspektivlos, flach und breiter im Vergleich zum zweiten Bild. Die Augenlider, der Mund und der Rand des Kopftuchs sehen aus wie aufgezeichnet, wie frei stehende Einzelteile auf einer weißen Fläche. Das ganze erinnert an die schwarz-weiße Gesichtsbemalung bei Pantomimen und hat damit wirklich einen ulkigen, möglicherweise albernen Ausdruck. Wie immer dieser Ausdruck aber konkret bedeutet wird, so stellt der beschriebene Signifikant keine Verkleidung, keine „Art Skandal, Zusatz oder Abdriften, die in diese klassische Darstellung des Schmerzes eingebracht wird"[96] dar, sondern er macht das Fotogramm (im Unterschied zum zweiten Bild, Abb. 11) als Ganzes erst aus. Demgegenüber geht die Idee Barthes, es handele sich um eine *Verkleidung,* eher von der Vorstellung aus, dass diese wieder *abgelegt* werden kann, dass es also etwas *Darun-*

---

undeutlich Schatten zu erkennen sind, nicht zu.
96 Roland Barthes, a.a.O., S. 53-54.

terliegendes, vielleicht Wirkliches oder Echtes gibt, dass nur für einen Moment oder zu einem bestimmten Anlass im Bild verdeckt ist.

6.5 Das Gesehene als Verkleidung des wirklichen Referenten

Tatsächlich spiegelt sich diese Vorstellung vom kurzweilig verdeckten oder verkleideten Wirklichen bereits in der Unsicherheit und im Begriff selbst wieder mit dem Barthes die Existenz dieses dritten („stumpfen") Sinns beschreibt:

> „Was den anderen Sinn betrifft, den dritten, der »überzählig« ist, wie ein Zusatz, den meine intellektuelle Erkenntnis nicht aufzufassen vermag, zugleich hartnäckig und flüchtig, glatt und entwichen, so schlage ich vor, ihn den *stumpfen Sinn* zu nennen. Ich verfalle unschwer auf dieses Wort, das, welch ein wunder, bei der Entfaltung seiner Etymologie bereits eine Theorie des zusätzlichen Sinns bereithält; *obtusus* heißt: *was stumpf, abgerundet ist;* sind die Merkmale, die ich aufgezählt habe [...] nicht wie die Abstumpfung eines zu klaren, zu heftigen Sinns? Verleihen sie dem entgegenkommenden Signifikat nicht eine Art kaum greifbare Rundheit, lassen sie meine Lektüre nicht abgleiten?"[97]

Im Gegensatz zur Bedeutung des Bildes (dem Signifikat, dem entgegenkommenden Sinn), die sich dem/der Betrachter/in, in Barthes Worten, beinahe aufdrängt oder ihm/ihr (unausweichlich) „entgegenkommt", bezeichnet der stumpfe Sinn also etwas nicht Fassbares, nicht Greifbares[98], wenn man so

---

97 Roland Barthes, a.a.O., S. 50.
98 Ralf Bohnsack bemerkt zur Schwierigkeit der Beschreibung des stumpfen Sinns bei Barthes: „Eines der Probleme besteht sicherlich darin, dass der stumpfe Sinn (bei Barthes) [...] nicht [...] an *einzelnen* Bildgegenständlichkeiten festgemacht werden kann, wie Roland Barthes dies versucht [...]. Vielmehr erschließt die tiefer gehende Semantik sich erst auf dem Weg über die Rekonstruktion der *Gesamt-*Komposition, die [...] wiederum an die Rekonstruktion der Formalkomposition des Bildes gebunden ist." (Ralf Bohnsack: Qualitative Bild- und Videointerpretation. Die dokumentarische Methode. Opladen, Farmington Hills 2009, S. 38, Hervorhebungen im Original. - Vgl. dazu auch Abschnitt 7.1ff. der vorliegenden Arbeit.) Das heißt, gerade in der ganzheitlichen Beschreibung des Bildaufbaus, die Barthes nicht unternimmt, liegt die Rekonstruktion dessen begründet, was als nicht substituierbares Sehangebot (in Imdahls Worten, vgl. Abschnitt 5.3 dieser Arbeit) oder tiefer gehende Semantik des Bildes (in Bohnsacks Worten) bezeichnet werden kann. Eine solche Bildbeschreibung könnte auch - per Definitionem - nicht vom *Wegfall* eines stumpfen Sinns sprechen (wie Barthes dies am zweiten Fotogramm tut, vgl. Abb. 11

möchte eine nicht wirkliche Existenz. Der „überzählige" Sinn ist also vorhanden, aber nicht wirklich vorhanden, wie eine Verkleidung, die die darunter liegenden Formen des Körpers noch sichtbar macht, aber abgeschwächt, abgestumpft, von ihnen ablenkt.

In dieser Metapher drückt sich auch die Vorstellung Barthes vom fotografischen Bild[99] oder Fotogramm als solchem aus. Der stumpfe Sinn ist dabei nur die Verkleidung der eigentlichen Botschaft eines Bildes:

> „Welches ist der Inhalt der fotografischen Botschaft? Was übermittelt die Fotografie? Definitionsgemäß die Begebenheit als solche, das buchstäblich Wirkliche. Gewiß kommt es zwischen dem Objekt und dem Bild von ihm zu einer Reduktion: des Maßstabs, der Perspektive und der Farbe. Diese Reduktion ist jedoch niemals eine *Transformation* (im mathematischen Sinn des Wortes); beim Übergang vom Wirklichen zu dessen Ablichtung ist es keineswegs notwendig, dieses Wirkliche in Einheiten zu zerlegen und diese Einheiten als Zeichen zu konstituieren, die sich wesentlich von dem dargebotenen Objekt unterscheiden; es ist keineswegs notwendig, zwischen diesem Objekt und dem Bild von ihm ein Relais, das heißt einen Code, anzubringen; gewiss ist das Bild nicht das Wirkliche: Aber es ist zumindest das perfekte Analogon davon, und für den gesunden Menschenverstand wird die Fotografie gerade durch diese analogische Perfektion definiert."[100]

6.6 Das fotografische Bild als Ergebnis einer Vorstellung von der Fotografie

Die Ausführungen Barthes zeigen, dass so augenscheinliche Bildbestandteile wie eine tief sitzende Haubenlinie, eine starke Krümmung und Hervorhebung

---

und Abschnitt 5.2 dieser Arbeit), sondern nur von einer *Veränderung* der bildlichen Komposition und damit einhergehenden einer Veränderung der bildlichen Wirklichkeit.

99 Vgl. dazu auch Abschnitt 4 und 4.1 dieser Arbeit.

100 Roland Barthes, a.a.O., S. 12-13. In dieser nicht eingesehen, für nicht nötig gehaltenen und damit auch nicht unternommenen Zerlegung des fotografischen Bildes in Einheiten - die als Zeichen oder Codes in einer kompositorischen und perspektivischen Analyse immer zu den Zeichen und Codes für eine *bestimmte* Komposition und eine *bestimmte* Perspektive werden - liegt vermutlich ein wesentlicher Unterschied zwischen einer Vorstellung von der Fotografie, die sie als „das buchstäblich Wirkliche" und einer, die sie als ein „Sehangebot, dass Identität besitzt", begreift. Vgl. Max Imdahl: Überlegungen zur Identität des Bildes, a.a.O., S. 187.

der Lieder oder ein dunkler Balken des halbgeöffneten Mundes, wie er an der Frau im zweiten Fotogramm beschrieben wird (vgl. Abschnitt 6.4), als „überzählige Zusätze"[101] angesehen werden können, wenn die Grundeinstellung zum Bild in ihm ein Analogon zur Wirklichkeit sieht. Gerade die Schwierigkeiten, die Barthes mit der Einordnung, Zuordnung oder überhaupt dem Eingeständnis an die Existenz der genannten Bildbestandteile hat, verdeutlichen, dass diese nicht einfach gesehen werden (im Sinne etwa eines „sehenden Sehens" bei Imdahl, vgl. Abschnitt 3.1), sondern, dass deren Wahrnehmung wie unter der Prämisse der Bedeutung und Zuordnung zum Bild als Analogon der Wirklichkeit vollzogen wird. Im genannten Beispiel (Abb. 10) ist dieses Analogon, also der Referent des ersten Fotogramms, eine weinende alte Frau.[102] Alles was auf dem Fotogramm gesehen wird, wird dieser weinenden alten Frau - ob passend oder unpassend - zugeordnet. Das heißt, die Frage, *ob* auf dem Bild eine weinende alte Frau abgebildet ist, wird garnicht erst gestellt. Die auffallenden Gesichtsmerkmale werden als „beunruhigend wie ein Gast, der hartnäckig und schweigend dort bleibt, wo man ihn nicht braucht"[103] beschrieben, da sie sich nicht ohne weiteres dem Referenten des Bildes zuordnen lassen. Sie passen also irgendwie nicht so richtig zu dieser alten weinenden Frau. Anstatt nun mit der Wahrnehmung, der irgendwie unpassenden, überzähligen Merkmale an der Abbildung - als Abbildung und Analogie einer alten weinenden Frau - zu zweifeln, wird die Wahrnehmung selbst, als „flüchtig, glatt" oder „kaum greifbar"[104], angezweifelt. Barthes leitet die Erklärun-

---

101 Vgl. Roland Barthes: Der entgegenkommende und der stumpfe Sinn, a.a.O., S. 50.
102 Inwiefern die weinende, alte Frau bei Barthes der Botschaft des Bildes, also der Analogie zur Wirklichkeit entspricht, ist aus seinem Text nicht genau zu entnehmen. Barthes bezeichnet die *Bedeutung* des Bildes als „die noch so perfekte Miene oder Gebärde des Schmerzes", die er selbst nur als „zweiten Sinn" (entgegenkommenden Sinn) beschreibt. Von diesem unterschieden ist nocheinmal der sogenannte „erste Sinn", der die *Botschaft* des Bildes entspricht. Da Barthes von dem Fotogramm selbstredend als „dieser alten weinenden Frau" spricht, liegt die Vermutung nahe, dass es sich dabei um die Botschaft des Bildes, also dessen Analogie zur Wirklichkeit handelt. Von ihr unterschieden ist die allgemeinere Bedeutung der „Miene oder Gebärde des Schmerzes". Vgl.: Roland Barthes, a.a.O., S. 53.
103 Roland Barthes, a.a.O., S. 53, vgl. auch Abschnitt 6.4 dieser Arbeit
104 Roland Barthes, a.a.O., S. 50.

gen des stumpfen Sinns mit den Worten ein: „Ich weiß nicht, ob die Lektüre dieses dritten Sinns begründet ist [...]"[105]

Wird hier ein sinnlicher Eindruck durch die Vorstellung von einem solchen (in Form der Erwartung an das Bild Analogon der Wirklichkeit zu sein) verhindert? Sieht Roland Barthes zuvorderst die Vorstellung von einer weinenden alten Frau (in Abb. 10), weil er die Vorstellung hat, dass das Fotogramm die Wirklichkeit einer weinenden alten Frau widerspiegeln muss; die in der entsprechenden Szene des Films Panzerkreuzer Potemkin, aus dem das Fotogramm entnommen wurde[106], auch tatsächlich so gedeutet werden kann? Damit ist nicht gemeint, dass das Bild nicht den Schmerz oder die Trauer einer alten Frau zum Ausdruck bringt, sondern damit ist gemeint, dass in *erster Linie* (erzeugt durch die starke Überbelichtung des Fotogramms) eine fast pantomimische Dramaturgie hergestellt wird, die *auch* als weinende alte Frau interpretiert oder gedeutet werden kann. Um den Unterschied noch deutlicher zu machen: Während auf der einen Seite das zuvorderst wahrgenommene Bild das Ergebnis einer Vorstellung oder Erwartung (vom/an das Bild) ist, ist es auf der anderen Seite das Ergebnis eines sinnlichen Eindrucks, der erst *am Bild selbst* ermöglicht wird.

Bezugnehmend auf die weiter oben gestellten Fragen, nach den Möglichkeiten für eine veränderte Wahrnehmung von Fotografien durch ihre Einbeziehung in einen bestimmten Kontext (vgl. Abschnitt 5.2), kann vor diesem Hintergrund gefolgert werden, dass es vermutlich nicht die unterschiedlichen Verortungen und Einsetzungen, nicht die „besonderen gesellschaftlichen Verhältnisse [sind, in die Bilder, J.T.] eingeschrieben [werden, J.T.], die sie her-

---

105 Roland Barthes, a.a.O., S. 49.
106 Das Fotogramm ist dem Film in etwa zwischen der 39sten (39:71) und der 43sten (42:27) Minute entnommen. (Da Barthes selbst keine genaue Zeitangabe macht, ist die Angabe nur ungefähr, da sie aus einem eigenen Abgleich mit dem Film geschlossen wurde.) Vgl. The Battleship Potemkin. Directed by Sergei Mikhailovich Eisenstein; assistant director: Grigori Alexandrov,;camera: Edward Tisse. Sovexportfilm 1976. Die Uraufführung des russischen Originals fand 1925 in Moskau, anlässlich des 20. Jahrestags der russischen Revolution aus dem Jahr 1905 statt.

vorgebracht haben"[107], sondern, dass es die Vorstellung vom fotografischen Bild, möglicherweise vom Sehen selbst, ist, die immer wieder „eine andere Bedeutungsschicht über das Bild"[108] legt und es einem veränderten Kontext gleichmacht.

In diesem Sinne sind es vermutlich nicht die Ziele des F.S.A. Projekts unter Roy Stryker (zur Gewinnung der Amerikaner für staatliche Sozialprogramme für die arme Landbevölkerung der USA in den 1930er Jahren), die zur wirklichkeitsgetreuen Wahrnehmung der Bilder Arthur Rothsteins (Abb. 6) und Dorothea Langes (Abb. 7) geführt haben mögen (vgl. Abschnitt 5.1); es ist vermutlich nicht das Verständnis Halls von der Lage der Einwanderer (von ihrem Mut und Selbstbewusstsein zur Immigration aus den britischen Kolonialgebieten nach Großbritannien in den 1950er Jahren), das bei Hall zur Wahrnehmung des Bildes von Haywood Magee (Abb. 8) als Zeuge von dieser Lage führte (vgl. Abschnitt 5.2-5.4); und es wäre vermutlich auch nicht die Einbettung der Bilder aus Kapitel eins (Abb. 1-3) in eine Reportage (zur Problematik des Gerüstbaus in engen Gassen), die zur Wahrnehmung der Fotografien als vergleichbar engen Räumen führen würde (vgl. Abschnitt 6), sondern in all diesen Fällen ist es eher die Vorstellung selbst, die Erwartung an diese Bilder (wirklichkeitsgetreue Referenten ihrer Einsetzung und Verortung zu sein), die ihre jeweilige Bedeutung erst ermöglicht. Dieser Schluss lässt die Vermutung zu, dass es nicht unbedingt ein veränderter Kontext wäre, der diesen Bildern eine andere Bedeutung geben würde, sondern, dass es eine veränderte Erwartung an die Bilder, vermutlich eine veränderte Vorstellung von der Fotografie als solcher wäre, die diese Fotos aus ihrem Kontext herausholen und ihnen eine eigene bildliche Wirklichkeit zugestehen würde.

---

107 Ebd.
108 Ebd.

7. Die Herstellung des Bildes - vom Was zum Wie in der Fotografie

Ralf Bohnsack verlagert in seiner Untersuchung zum dokumentarischen Sinngehalt von fotografischen Bildern[109] für die Rekonstruktion von handlungsleitendem Wissen, also solchem Wissen, das die Grundlage für die Herstellung von Bildern freilegt, die Frage vom *Was* einer fotografischen Abbildung zum *Wie* ihrer Herstellung und Entstehung. Im Zentrum der Untersuchung steht damit nicht mehr der Gegenstand einer Fotografie, die wie immer bedeutete Sache (Person, Ort, Raum) oder der angenommene Referent einer Abbildung, sondern im Zentrum steht die Form der Inszenierung, ins-Bild-Stellung oder eben fotografischen Herstellung eines Gegenstands. Das heißt, es geht nicht um die Frage, *was* im Moment der Aufnahme vor der Kamera (wirklich) passierte, sondern es geht um die Frage, welche Informationen ein Foto darüber bereitstellt *wie* etwas im (genauer: als) Bild festgehalten und immanent (im Raum der Repräsentation) organisiert wurde. Dabei wird die Komposition oder der formale Aufbau einer Fotografie nicht nur zum Hinweis auf die Inszenierung und ins-Bild-Stellung eines Gegenstandes, sondern auch zur dokumentarischen Quelle für den tatsächlichen Prozess, also den Umgang des/der Fotografen/in mit der Kamera und seiner Stellung zum Gegenstand einer Aufnahme, die im Bild sichtbar wird.

Mit dieser Verlagerung vom *Was* zum *Wie* ist gerade die bildliche Wirklichkeit in ihrer eigenen sinnlichen Logik angesprochen. Das heißt, in der Stellung des/der Fotografen/in zum Bildgegenstand und in der Art und Weise wie er/sie ein Foto herstellt wird auch eine wesentliche Information über die Abbildung selbst transportiert. Mit Max Imdahl wurde dieser Sachverhalt (dem „Bild als einem Sehangebot, das Identität besitzt"[110]) bereits angedeutet. Die Perspektiven, die Jacob van Ruisdael für sein Bild „Die Mühle von Wijk"

---

109 Ralf Bohnsack: Qualitative Bild- und Videointerpretation, a.a.O., hier bes. S. 30.
110 Max Imdahl, Überlegungen zur Identität des Bildes, a.a.O., S. 187.

(Abb. 9) verwendet, bringen den/die Betrachter/in in ein Verhältnis zur Mühle (und zur Landschaft), die diese immer aus der Unteransicht (und Ferne betrachtet) zeigt (vgl. Abschnitt 6.3). Genauso wie also der Maler eine (bzw. mehrere) Perspektive(n) für sein Bild wählt, so entscheidet sich auch der/die Fotograf/in für eine Perspektive auf den Referenten seiner Abbildung und gibt mit dieser Wahl eine bestimmte Sicht auf den belichteten Gegenstand vor (in diesem Fall ist die Polyperspektivität wie in Ruisdaels Bild allerdings nur in eingeschränktem Maße, durch eine Doppelbelichtung des Negatives, bzw. eine nachträgliche Bildbearbeitung möglich). Dem/der Betrachter/in des Fotos ist es nicht mehr möglich aus einer anderen (selbstgewählten) Perspektive auf den Gegenstand zu blicken. Das heißt, unabhängig davon, dass ein Foto (wie mit Dubois und Snyder u.a. bereits beschrieben, vgl. Abschnitt 2.1 und 4.1) nicht einfach die Sicht des/der Bildproduzenten/in zum Zeitpunkt der Aufnahme wiedergibt, wird die Komposition, der formaler Aufbau einer Fotografie wesentlich über die Ausrichtung dieser Sicht, also die Stellung des/der Fotografen/in zum Referenten einer Abbildung bestimmt.

An den Bildern aus Kapitel eins (Abb. 1-3) wurden die Auswirkungen der Perspektivwahl für die jeweilige Darstellung bereits beschrieben. Die unterschiedliche Stellung der Fotografen/innen zu den jeweiligen Orten der Bilder 1-3 spiegelt sich in den Fotografien wider. In Bild eins (Abb. 1) Blickt der Fotograf zentral und aufrecht in die Gasse und befindet sich auch in selbiger. In Bild zwei (Abb. 2) befindet sich der Fotograf vor der Gasse und blickt zentral in sie hinein. Und in Bild drei (Abb. 3) befindet sich der Fotograf in der Gasse und richtet den Blick ihrer oberen Öffnung entgegen. Entsprechend werden die Betrachter/innen der Bilder zu den dargestellten Gassen in Beziehung gebracht: In Bild eins sieht sich der/die Betrachter links und rechts von Häuserwänden umgeben, den Blick geradeaus, gen Ausgang der Gasse gerichtet. In Bild zwei sieht sich der/die Betrachter/in vor zwei Wänden, dem vermeintlichen Eingang der Gasse stehend, den Blick gen Ausgang gerichtet. Und in Bild drei sieht sich der/die Betrachter/in links und rechts von Häuserwänden umgeben, den Blick gen Himmel, obere Öffnung der Gasse gerichtet.

In all diesen Fällen ist eine Veränderung des Blicks auf, bzw. in die jeweilige Gasse nicht möglich. Das heißt, es wird alleine durch die vorgegebene Perspektive eine Stellung zum jeweiligen Bild, man könnte fast sagen, provoziert, durch die der/die Betrachter/in sich in eine ganz bestimmte Position zum dargestellten Gegenstand gebracht sieht. So kann der/die Betrachter/in von Bild eins den Blick nicht gen Himmel richten, da die obere Öffnung der Gasse im Bild nicht dargestellt ist; umgekehrt weiß der/die Betrachter/in von Bild drei nicht, ob die Gasse einen Ausgang hat, da er/sie den Blick nicht geradeaus richten kann. Entsprechend sind die Folgen für die Darstellungen selbst zu verstehen (insbesondere für ihre Umsetzung des besprochenen Themas der Enge, vgl. Kapitel 1): Da in Bild eins der Blick gen Ausgang möglich ist, das Bild also die Möglichkeit des Hinausgehens implizit darstellt, in Bild drei dieser Blick gen Ausgang aber verstellt ist, die Möglichkeit des Hinausgehens nicht dargestellt wird, sieht sich der/die Betrachter/in beim Anblick der dritten Fotografie vermutlich wesentlich mehr eingeengt als beim Anblick der zweiten Fotografie.[111] In diesem Sinne transportieren die Bilder über die Per-

---

111 Dass diese Tatsache letztendlich etwas mit dem topologischen Raum des wahrnehmenden Subjektes zu tun hat, sei nur am Rande bemerkt. Wie oben bereits angedeutet (vgl. Abschnitt 2.1), führt Philippe Dubois den vierten Raum, der in relevanter Beziehung zum fotografischen Bild steht, auf den Raum des/der Bildbetrachters/in selbst zurück: „Die Topologie ist, ganz allgemein, das, was unsere Präsenz in der Welt räumlich definiert, und ich werde den Begriff hier in dieser Bedeutung verwenden. Sie ist auf existentieller Ebene [...] etwas durchaus entscheidendes für uns, da sie unser ganzes Bewußtsein von der Präsenz unseres eigenen Körpers in der Welt begründet. Es hat den Anschein, daß unsere topologische Einschreibung in die irdische Welt durch eine ebenso einfache wie konstitutive Strukturierung definiert ist: Wir sind aufrechte, vertikale, senkrechte zur Horizontalität des Bodens stehende Wesen. Das ist unsere grundlegende Orthogonalität. Dieser Typus der räumlichen Definition unserer irdischen Existenz kommt immer zum tragen, wenn wir ein Foto betrachten, da er eine Entsprechung zwischen der Orthogonalität des fotografischen Raums und der Orthogonalität unserer topologischen Einschreibung herstellt." Philippe Dubois: Der fotografische Akt, a.a.O., S. 209. Für die oben genannten Fotografien (Abb. 1 und 3 dieser Arbeit) bedeutet das, das erst die aufrechte, orthogonale Stellung des/der Bildbetrachters/in zu den abgebildeten Räumen der Bilder eins und drei zur Wahrnehmung eines Ausgangs in Bild eins und einer oberen Öffnung in Bild drei führt. Das heißt, der Versuch, beim Anblick der jeweiligen Fotografie, den eigenen Raum mit dem Raum des Bildes in Entsprechung zu bringen, lässt überhaupt erst eine bestimmte Stellung zum Bild und eine Perspektive zum abgebildeten Raum zu. Würde es zu diesem Abgleich, des

spektivwahl des/der Fotografen/in zum Zeitpunkt der Aufnahme ein wesentliches Merkmal, das zur Herstellung der Abbildungen selbst beiträgt.

7.1 Die Orientierung des/der Bildproduzenten/in am Beispiel eines Werbefotos mit Ralf Bohnsack

Die Relevanz der dokumentarischen Bildanalyse, wie Bohnsack sie vornimmt, liegt nun gerade in der Rekonstruktion handlungsleitender Orientierungen, die an den Informationen im Bild, die Aufschluss über die Grundlage für dessen Herstellung geben, hergeleitet werden. Das heißt, u.a. an der Wahl der Perspektive macht sich auch die Orientierung des/der Bildproduzenten/in gegenüber dem Gegenstand der Abbildung bemerkbar. So macht es einen Unterschied, ob der/die Fotograf/in auf Augenhöhe (aus der Zentralperspektive), von oben (aus der Vogelperspektive) oder von unten (aus der Froschperspektive) auf einen Gegenstand schaut. Wird der Referent im Bild also mit dem/der Betrachter/in zentral auf eine Ebene gebracht, wird

---

topologischen Raums des/der Bildbetrachters/in und des orthogonalen Raums der Abbildung, nicht kommen, würden alleine die Farben und Formen, nicht aber die perspektivische Darstellung eines Bildes wahrgenommen werden.

Dazu ist zu bemerken, dass die Annahme, eine Fotografie bilde einen Raum ab, der sich mit dem topologischen Raum des/der Bildbetrachters/in vergleichen lässt, eine *Vorstellung* vom fotografischen Bild ist, die sie bereits auf bestimmte, aber nicht unbedingt im Bild selbst liegende Art verortet und bedeutet. Nicht nur an den von Dubois in diesem Zusammenhang beschriebenen Fotografien der Serie „Equivalents" von Alfred Stieglitz (aus den 1930er Jahren) wird diese Problematik deutlich: Während die „Equivalents" Wolkenbilder darstellen, die von vornherein keine topologische Orientierung zulassen: „ein Raum, der in bezug auf unsere topologische Positionierung *nicht determiniert* ist; ein Raum ohne links und rechts, in dem wir nicht begreifen, was oben und was unten ist" (Philippe Dubois, a.a.O., S. 212), so geht den Bildern eins und drei der vorliegenden Arbeit, bei einer Konzentration auf die Orthogonalität der dargestellten Räume (Gassen), die Gefahr der Vernachlässigung der farblichen Gestaltungsunterschiede voraus. Da sich der Unterschied zwischen den Bildern wesentlich über die verschiedene Steinfarbe der Häuserwände ergibt (vgl. Kapitel 1), führt alleine die topologische Orientierung des/der Betrachters/in gegenüber den Fotografien nicht zu einer Wahrnehmung ihrer Unterschiede. In diesem Sinne ist auch die Bedeutung, die Dubois den den „Equivalents" von Stieglitz gibt, nur unter Einschränkung zu verstehen: Während Dubois an den Bildern eine beispiellose Autonomie feststellt, die er an dem Fehlen eines Kongruenzeffekts mit dem topologischen Raum des wahrnehmenden Subjektes festmacht (vgl. Philippe Dubois, a.a.O., S. 213), ist vor dem Hintergrund der vorliegenden Arbeit eine Deutung schlüssiger, die an *jeder* Fotografie eine fehlende Kongruenz mit dem topologischen Raum des/der Betrachters/in feststellt. Diese liegt in der generellen Inkongruenz zwischen Referent und Abbildung begründet. Und darum lassen sich nicht nur die Wolkenbilder von Stieglitz, sondern lässt sich *jede* Fotografie auch als autonome Darstellung bezeichnen.

er unter diesen gestellt oder wird er über diesen gestellt; die jeweilige Stellung gibt ihm eine Position und damit einen Wert oder eine Bedeutung im Bild. Die Orientierung des/der Fotografen/in gegenüber dem referentiellen Raum einer Fotografie spiegelt sich also in seiner/ihrer Handlung zum Zeitpunkt der Aufnahme (neben der Perspektivwahl auch der Wahl des Ausschnitts, der Anordnung der Gegenstände im Bildraum, usw.) wider.

Am Beispiel eines Werbefotos der Modefirma Burberry (vgl. Abb. 12) veranschaulicht Bohnsack diesen Prozess sehr eindringlich. Das Foto zeigt eine Gruppe von elf Personen, darunter zwei Kinder und neun Erwachsene, die auf der Wiese eines Parks abgebildet sind und relativ eng beieinander stehen oder sitzen. Auf der Ebene der sogenannten *formulierenden Interpretation*, das heißt, der Beschreibung dessen *was* (gegenständlich) und ikonografisch[112] dargestellt ist, beschreibt Bohnsack die Werbeaufnahme als Abbildung eines

---

112 In dieser Formulierung stützt sich Bohnsack auf die entsprechende Auslegung des Begriffs bei Erwin Panofsky. Panofsky Unterscheidet in seiner Interpretationen von Werken der bildenden Kunst zwischen einer vor-ikonografischen, einer ikonografischen und einer ikonologischen Beschreibung und Inhaltsdeutung. Während auf der primären, gewissermaßen untersten Ebene die Sache selbst und ihr Ausdruck stehen (eine Person und ihre Gesichtszüge etwa), Panofsky nennt dies den „Phänomensinn" (den er nocheinmal in „Sach-" und „Ausdruckssinn" unterteilt), steht auf einer sekundären Ebene ihre kulturelle (etwa literarisch überlieferte) Bedeutung, der „Bedeutungssinn", den eine Sache annehmen kann. (Im Fall des Werbefotos von Burberry wären das die Gruppe von Menschen im Park, als Sache, und das familiäre Picknick, als Bedeutung der Sache.) Von diesem Bedeutungssinn unterscheidet Panofsky noch einmal, man könnte sagen, auf einer dritten Ebene, den sogenannten „Dokument-" oder „Wesenssinn" eines Kunstwerkes, womit er sich explizit auf den „Dokumentsinn" in der Wissenssoziologie Karl Mannheims bezieht und in dem sich eine weltanschauliche/ geistesgeschichtliche Grundhaltung (des/der Künstlers/in und seiner/ihrer Epoche) am Kunstwerk dokumentiert. Vgl. hierzu: Erwin Panofsky: Zum Problem der Beschreibung und Inhaltsdeutung von Werken der bildenden Kunst. In: Ders. Aufsätze zu Grundfragen der Kunstwissenschaft. Zusammengestellt und herausgegeben von Hariolf Oberer und Egon Verheyen. Berlin 1964, S. 85-97, der Aufsatz entstammt im Original in etwa einem Vortrag Panofskys aus dem Jahr 1931. Zum Begriff des „Dokumentsinns" bei Mannheim vgl.: Karl Mannheim: Beiträge zur Theorie der Weltanschauungsinterpretation. In: Ders.: Wissenssoziologie. Soziologische Texte 28. Neuwied 1964, S. 91-154, urspr. 1921-22, darin: S. 91-136.
Erst zu einem späteren Zeitpunkt setzt Panofsky die Unterscheidung dieser drei Sinnebenen dann, etymologisch begründet, mit den Begriffen der vor-ikonografischen Beschreibung (Phänomensinn), der ikonografischen Analyse (Bedeutungssinn) und der ikonologischen Interpretation (Dokumentsinn) gleich. Besonders die Ikonologie wird bei Panofsky dabei (hergeleitet vom Suffix „logie", von „logos", das „Denken" oder „Vernunft" bedeutet), in seinen eigenen Worten „wiederbelebt" zu einer *Interpretation* „des Kunstwerk(s) als einem Symptom von etwas anderem"; womit wieder ein Hinweis auf den Dokumentsinn bei Mannheim gegeben ist, auf den Panofsky sich hier aber nicht mehr direkt (nur noch indirekt über den Begriff der „Weltanschauung" an anderer Stelle) bezieht. Vgl. hierzu: Erwin Panofsky: Ikonographie und Ikonologie. Eine Einführung in die Kunst der Renaissance. In: Ders.: Sinn und Deutung in der bildenden Kunst. Aus dem Englichen von Wilhelm Höck. Köln 1975, hier bes. S. 41ff. Original: Meaning in the Visual Arts, New York 1957.

Picknicks, an dem mehrere Generationen einer Familie beteiligt sind:

> „Von den auf dem Rasen ausgebreiteten Utensilien und der Situierung der gesamten Szene in einem Park her gesehen, lässt sich die Situation in stereotyper Weise als eine des Picknicks identifizieren. An ihm sind mehrere Generationen beteiligt, bei denen es sich um die Großeltern-, Eltern- und Kindergeneration und somit um eine Art Großfamilie handeln könnte."[113]

Dieser ikonografischen Beschreibung setzt Bohnsack auf der Ebene des *Wie,* der sogenannten *reflektierenden Interpretation*, eine Analyse der Inszenierung dieses Picknicks, also der Zusammenstellung, Anordnung und Choreografie der Szene im Bild gegenüber. Zentraler Gegenstand dieses Analyseschritts ist die formale Komposition des Fotos, die Bohnsack wesentlich von der Bildanalyse Max Imdahls (und dessen Herleitung des Begriffs „Ikonik"[114]) übernimmt und auf die Fotografie überträgt. Dabei geht es im genannten Bild v.a. um die Frage, auf welche Art sich die dargestellten Personen durch ihre Positionierung, ihre Körperhaltung und ihren Blick zueinander in Beziehung befinden.

---

113 Ralf Bohnsack: Qualitative Bild und Videointerpretation, a.a.O., S. 60.
114 Max Imdahl bezieht sich dabei auf die Ikonografie und Ikonologie Erwin Panofskys (s.o.). Er erweitert und ergänzt den Begriff der Ikonologie bei Panofsky um denjenigen der *Ikonik*, den er an der formalen Komposition des Einzelbildes festmacht (im Unterschied zu einer generellen Zeitgeschichtlichen Einordnung von Bildern, als Dokumenten der Weltanschauung einer Epoche wie Panofsky sie vornimmt). Bezugnehmend auf die bereits behandelten Untersuchungen Imdahls in der vorliegenden Arbeit lässt sich ergänzen, dass Imdahl auch am Begriff der „Ikonik" über die formale Komposition des Einzelbildes die „Identität" von Bildern, also ihr „nicht substituierbares Sehangebot" begründet. Max Imdahl: Ikonik. Bilder und ihre Anschauung, a.a.O., hier bes. S. 312ff. (Vgl. außerdem Abschnitt 6.3 dieser Arbeit.)
Ralf Bohnsack spricht in seiner Analyse von einer *ikonologisch-ikonischen Interpretation* und bezieht damit sowohl Panofskys Ikonologie, als auch Imdahls Ikonik in die dokumentarische Bildinterpretation mit ein. Dadurch macht er die formale Komposition des Bildes für die Rekonstruktion des Handlungswissens und nicht zuletzt auch für die Wissenssoziologie Mannheims fruchtbar. Vgl. Ralf Bohnsack, a.a.O., S. 15ff.

Abbildung 12: Werbefotografie der Modefirma Burberry, 2005

Bohnsack arbeitet hier eine formale Komposition[115] des Bildes heraus, die an den dargestellten Personen eine Unterteilung in zwei Gruppen ausmacht, deren Anordnung jeweils (kreisförmig) einmal auf der linken und einmal auf der rechten Bildhälfte stattfindet (vgl. Abb. 13):

> „Der *linke* (große) *Kreis* umschließt und markiert eine altersheterogene Gruppe, deren Angehörige auf die rechte Gruppe schauen. Die linke Gruppe wird dadurch zur betrach*tenden*, die rechte zur betrach*teten*, sich vor Betrachtenden inszenierenden Gruppe. Letztere rückt damit ins Zentrum."[116]

Darüber hinaus nimmt keine der dargestellten Personen Blickkontakt zu einer der anderen Personen auf. Wiewohl die linke Gruppe die rechte Gruppe be-

---

115 Diese wird nochmals unterteilt in eine *perspektivische Projektion* (die gewählte Perspektive des/der Fotografen/in), eine *szenische Choreografie* (die Darstellung der Personen in ihrem Verhältnis zueinander) und eine *planimetrische Ganzheitsstruktur* (die flächenmäßige Aufteilung des Bildes.) Vgl. Ralf Bohnsack, a.a.O., S. 57.

116 Ralf Bohnsack, a.a.O., S. 63-64, Hervorhebung im Original. Der kleine Kreis innerhalb des Kreises, den die rechte Gruppe umschließt (vgl. Abb. 13 dieser Arbeit), bringt auf der Seite der Betrachteten zusätzlich eine altershomogene Trennung zum Ausdruck.

trachtet, schaut keine der betrachteten Personen zurück; genauso wie auch innerhalb der rechten Gruppe kein Blickkontakt unter den Dargestellten besteht. Bohnsack beschreibt, dass besonders durch diese nicht stattfindende Bezugnahme der Personen untereinander eine „fehlende soziale Bezogenheit"[117] in der Gruppe zum Ausdruck gebracht wird. Diese wird durch ein werbetypisches Posieren und zur Schau Stellen bei den Angehörigen der rechten Gruppe nocheinmal verstärkt. Besonders eindringlich ist dies bei der vierten Person von rechts, der auf dem Rasen knienden und direkt in die Kamera blickenden Frau zu sehen. Bohnsack beschreibt, dass sich diese Frau in einer zentralen Stellung des Bildes befindet, da sie nicht nur dem angeblickten rechten „Kreis" an Personen, sondern von ihrer Positionierung im Bild her auch dem linken Kreis zugeordnet werden kann (vgl. Abb. 13). Sie nimmt als Teil der Gruppe der Betrachteten und Posierenden damit die Rolle der Vermittlerin zur Gruppe der Betrachtenden ein; was zusätzlich dadurch betont wird, dass die Frau sich im Fluchtpunkt des Bildes befindet.

Mit dieser formalen Komposition der Werbeaufnahme wird über die ikonografische Darstellung eines Familienpicknicks zwar eine Gemeinschaft und Zusammengehörigkeit zum Ausdruck gebracht, die über die bildinterne Organisation[118] allerdings nicht nur bestätigt (formale Zusammenstellung der Personen in zwei Gruppen, angeblickt Werden der rechten durch die linke Gruppe, Vermittlung der knienden Frau), sondern auch wieder aufgelöst wird (posenhafte Inszenierung der Einzelpersonen, Vermeidung des Blickkontakts unter den Personen der rechten Gruppe, keine Erwiderung des Blickkontakts der linken Gruppe). Vor diesem Hintergrund interpretiert Bohnsack die Orientierung des/der Bildproduzenten/in (in dem Fall der Modefirma Burberry als der Herausgeberin des Bildes) als Propagierung eines Lifestyles der *„Zugehö-*

---

117 Ralf Bohnsack, a.a.O., S. 65.
118 Die ikonologisch-ikonische Interpretation, s.o. zum Begriff der „Ikonik" bei Imdahl.

rigkeit und Zusammengehörigkeit bei gleichzeitiger Wahrung der Individualität[119]. Das Heißt, die einzelnen Personen sind zugleich in der Gruppe zusammen und doch durch die Botschaft, die ihre Körper ausdrücken, getrennt voneinander.

Abbildung 13: Planimetrische Komposition von Ralf Bohnsack - Werbefotografie der Modefirma Burberry, 2005

Darüber hinaus bringt die Fokussierung der rechten durch die linke Gruppe eine Anerkennung und Bestätigung dieser Personen zum Ausdruck, die die rechte Gruppe „zur eigentlichen Ziel- und Identifikationsgruppe dieses Werbefotos"[120] macht. Bohnsack sieht in dieser Anerkennung und Bestätigung auch eine Vermittlung *„zwischen den Generationen und somit zwischen Mode und Tradition"*[121]. Dadurch, dass die linke Bildgruppe altersmäßig gemischt auftritt und auch Personen einer älteren Generation beinhaltet, werden ihre bestätigenden Blicken zur Anerkennung der altershomogenen jüngeren Grup-

---

119 Ralf Bohnsack, a.a.O., S. 69, Hervorhebung im Original.
120 Ralf Bohnsack, a.a.O., S. 66.
121 Ebd., Hervorhebung im Original.

pe in der rechten Bildhälfte; und damit zur Vermittlung zwischen den Generationen. Auch in dieser Orientierung wird eine gemeinschaftliche Zusammengehörigkeit in Form der Anerkennung der einen durch die andere Gruppe zum Ausdruck gebracht, die in der Komposition der Fotografie nicht durchgehalten wird: Die betrachtete (rechte) Gruppe bestätigt und erwidert die anerkennenden Blicke der betrachtenden (linken) Gruppe nicht und grenzt sich von dieser Gemeinschaft wieder ab.

7.2 Bedeutung versus Darstellung

In dieser Doppeldeutigkeit des Bildes (Abb. 12), die Bohnsack mit Bezug auf Max Imdahl auch die „Sinnkomplexität des Übergegensätzlichen"[122] nennt, spiegelt sich eine scheinbare Unvereinbarkeit von ikonografischer Bedeutung und formaler Komposition (dem *Was* und dem *Wie* des Bildes) wider. Das heißt, der familiäre Charakter von Zusammengehörigkeit, den das Familienpicknick der Burberry Werbung ausdrücken soll, lässt sich mit dem Ausbleiben des Blickkontakts, dem (werbetypischen) Posieren der Einzelpersonen und dem Fehlen einer erwiderten Kontaktaufnahme unter den Dargestellten, nicht vereinbaren. Wiewohl die Personen im Bild alle mehr oder weniger eng beieinander stehen, die Szene also nicht so gestaltet ist, dass diese sich fern voneinander im Park befinden, schafft die Darstellung keine Nähe oder den Eindruck einer gegenseitigen Anteilnahme.

Zu dieser Doppeldeutigkeit oder beinahe Widersprüchlichkeit kommt es erst durch die ikonografische Bedeutung des Bildes - als Bild eines familiären

---

122 Ralf Bohnsack, a.a.O., S. 36ff und für das Werbefoto von Burberry S. 69. Bei Imdahl findet die Herleitung der Formulierung an einem Bild von Giotto („Die Gefangennahme", um 1305) statt, an dem Imdahl nachweist, dass die Figur des Jesus, bei ihrer Gefangennahme, zugleich als die Unter- wie die Überlegene gesehen werden kann: Giotto Arenafresken. Ikonographie - Ikonologie - Ikonik. Theorie und Geschichte der Literatur und der schönen Künste. Texte und Abhandlungen. Hg. Von: Manfred Fuhrmann, Renate Lachmann, Max Imdahl (u.a.). Band 60, München 1980, S. 106-107.

Picknicks. Sobald man ihr, wie Bohnsack dies tat, die einzelnen (szenischen, perspektivischen und flächenmäßigen) Details des Bildes, also das gesamte Arrangement der Personen und Gegenstände im Raum der Repräsentation (der Bildfläche) entgegensetzt, beginnt diese Bedeutung zu verschwimmen; so wie auf gewisse Art der „stumpfe Sinn" bei Barthes die Darstellung der weinenden alten Frau zum verschwimmen brachte.[123]

Diese (ikonografische) Bedeutung lässt sich nun gerade mit der Frage nach der Herstellung der Fotografie, also nach der Handlung des/der Bildproduzenten/in zum Zeitpunkt der Aufnahme selbst nocheinmal hinterfragen. Das heißt, es geht um die Frage, wie die Gegenstände und Personen im Bild *als* Gegenstände und Personen *eines Bildes* selbst hergestellt wurden. In anderen Worten: Es geht noch vor der szenischen, perspektivischen und flächenmäßigen Verortung und Zueinanderstellung der Personen, um die bildliche und visuelle Herstellung der Personen als *Personen einer Fotografie*.

7.3 Die Herstellung der Fotografie als Herstellung ihrer Darstellung

Vergleicht man die Fotografie der Werbefirma (Abb. 12) mit den Aufnahmen von Arthur Rothstein und Dorothea Lange (Abb. 6 und 7), dann fällt zunächst ein Unterschied auf, der auf ähnliche Art bereits am Bild Haywood Magees (Abb. 8) in Erscheinung trat: Die farbliche Gestaltung des Bildes (die Verteilung von Hell bis Dunkel auf der Bildfläche) ist relativ hart, was heißt, das die

---

123 Entsprechend interpretiert Bohnsack auch den stumpfen Sinn bei Barthes, indem er dessen Beschreibung des stumpfen Sinns, als „Schichtung von Sinn, die den vorhergehenden Sinn immer bestehen läßt, wie in einer geologischen Konstruktion; das Gegenteil sagen, ohne auf das Widersprochene zu verzichten" mit der „Sinnkomplexität des Übergegensätzlichen" bei Imdahl vergleicht. In: Ralf Bohnsack: a.a.O., S. 36. Das Zitat Barthes entstammt: Roland Barthes: Der entgegenkommende und der stumpfe Sinn, a.a.O., S. 54. Wobei hier angemerkt werden kann, dass die Vorzeichen gewissermaßen *umgedreht* werden müssen: Nicht der stumpfe Sinn widerspricht dem vorherigen (entgegenkommenden Sinn), sondern der vorherige oder alle vorherigen (gegenständlich-entgegenkommenden Bedeutungen) widersprechen dem stumpfen Sinn, wenn dieser (wie in seiner obigen Auslegung, vgl. Abschnitt 6.4-6.6) die tatsächliche, formal gestaltete Komposition des Bildes ausmacht.

abgebildeten Gegenstände mehrheitlich entweder sehr hell oder sehr dunkel aussehen. So erscheinen die hellen Hosen und Röcke der Personen alle in einem beinahe unterschiedslosen Weiß, von dem sich die dunkelgrauen bis schwarzen Oberteile, entsprechend ihrer Anordnung und Verteilung im Bild stark abgrenzen.

Besonders deutlich wird dies an der dritten Person von links, die durch ihren aufrechten, unverdeckten Stand beinahe eine Gegenüberstellung aus weißer Hose und dunkelgrauem Pulli verbildlicht. Dabei fällt der Übergang zwischen Hose und Pulle auf der Bauchhöhe des Mannes besonders auf, da er fast wie eine Grenze oder sauber gezogene Linie aussieht. Entsprechend setzt sich die farbliche Gestaltung des Bildes fort: Die weiße Hose des Mannes (3. v. links) grenzt sich hart vom schwarzen T-Shirt des neben ihm, auf dem Boden sitzenden Kindes sowie dem schwarzen Blazer des davor (halb) liegenden Mannes ab; diese unterscheiden sich durch ihre dunkle Kleidung deutlich vom sehr hellen Rasen hinter ihnen; der neben ihnen, aufrecht stehende Mann im schwarzen Anzug unterscheidet sich ebenso vom hellen Rasen und Parkhintergrund; die kniende Frau im Fluchtpunkt des Bildes wird wiederum durch ihre sehr helle Kleidung stark von diesem dunkel gekleideten Mann abgegrenzt; usw. In der Fotografie Dorothea Langes (Abb. 7) gibt es trotz des deutlichen Kontrastes zwischen dem hellen Gesicht der Frau (Mutter) im Vergleich zu ihren dunklen Haaren etwa keinen so harten Farbübergang wie in diesem Foto. Die gesamte Aufnahme wirkt weicher oder runder.

Ein Grund für diesen relativ harten hell-dunkel Kontrast der Fotografie kann in der extremen Beleuchtung (dem sehr diffusen, das heißt, von allen Seiten her kommenden Licht) des Bildes gefunden werden. Wiewohl die gesamte Gruppe von vorne beleuchtet wird, werden ihre Schatten auf dem dahinterliegenden Rasen, der ebenfalls (v.a. von oben) beleuchtet wird, nicht sichtbar. Genauso sind innerhalb der Gruppe die Schatten so hell (da selbst wieder beleuchtete) oder so kurz (da Kleiderfalten, Haare, Augenhöhlen etc. nicht gänzlich ausgeleuchtet sind und kurze Schatten werfen[124]), dass sie kaum in den Blick fallen. So müsste der hochgestellte Fuß des (rechts unten) liegenden Mädchens etwa einen Schatten auf den Rasen, auf dem es liegt, und die Decke dahinter werfen (das Licht kommt hier von oben, was am hellsten Punkt des Beins/Knies zu erkennen ist), dieser Schatten ist aber kaum zu sehen (vermutlich fällt von links vorne zusätzlich Licht auf Decke und Rasen). Genauso müsste die aufgelehnte linke Hand der Frau ganz links im Bild sich eigentlich auf ihrer hellen Hose/ihrem Rock abzeichnen, da sie von oben her beleuchtet wird (der hellste Punkt sind hier ihre Fingerknochen und ihre rechte Schulter), dieser Schatten ist aber auch nicht zu sehen, da zusätzlich frontal ein Licht auf die Hose/den Rock gerichtet ist. Weiter müsste der sitzende Mann ganz rechts im Bild eigentlich einen Schatten auf die dahinter stehende Frau werfen (seine frontale Beleuchtung ist besonders am linken Hosenbein zu erkennen), da aber auch die Frau frontal und vermutlich von links oben beleuchtet wird (was besonders an ihrem weißen Schal/Tuch und dem Schatten unter ihrer rechten Haarhälfte zu erkennen ist), ist der Schatten des Mannes auch hier nicht zu sehen.

Diese Ausleuchtung und Verhinderung von deutlich wahrnehmbaren Schat-

---

124 Nur durch diese sog. *Mikroschatten* sind Konturen wie Gesichtsmerkmale, Frisuren, gebeugte Gliedmaßen etc. auf bildlicher Ebene überhaupt erkennbar. In der modernen Akt- und Porträtfotografie spricht man auch von einer Abmilderung von Mikroschatten, die an digitalen Bildern durch eine PC-gestützten Bearbeitung vorgenommen wird, etwa um Hautflecken, Poren, Falten in Gesichtern etc. im Foto zu retuschieren. Dafür stehen Bildbearbeitungsprogramme (wie zuvorderst „Adobe Photoshop" des US-amerikanischen Softwareherstellers *Adobe System*) zur Verfügung, die die entsprechenden Stellen im Bild so vergrößern, dass ein Erkennen und Bearbeiten minimaler Schatten und Partien möglich wird. Durch die Art lässt sich ein Foto (nachträglich) auf einer Ebene gestalten, die durch eine, noch so beleuchtete, Aufnahmesituation nicht erreichbar ist. Das auch in der Werbeaufnahme der Firma Burberry die Mikroschatten nachträglich retuschiert wurden, ist anzunehmen, da die weißen Hosen und Röcke etwa partiell völlig einheitlich weiß sind. Ein solches Aussehen ist ohne Bildbearbeitung kaum möglich, da getragene Kleidungsstücke immer eine minimale Struktur besitzen, die auf ihrer gesamten Oberfläche kleine Schatten hinterlassen müsste. In diesem Sinne ist reines Weiß und reines Schwarz im Foto meist ein Zeichen für dessen nachträgliche Bearbeitung (bei größeren weißen Flächen, die nicht an Gegenstände gebunden sind, kann auch eine starke Überbelichtung vorliegen, vgl. Abb. 10, dieser Arbeit). Vgl. dazu: Harald Heim, Kay Michael Kuhnlein: Akt- und Porträtfotografie, Inklusive Fotostyling mit Photoshop. München 2010, S. 190ff.

ten der Personen und Gegenstände im Bild lässt sie selbst wie flache, fast kör-
perlose Gestalten aussehen. Die dunklen Teile an ihnen (Kleidungstücke, Gesichtsmerkmale etc.) erscheinen auf diese Art, neben den hellen wie für sich
stehende Flächen, die kreuz und quer im Raum verteilt sind: Der dunkle Rock
des (rechts unten) auf dem Boden liegenden Mädchens, Jackett und T-Shirt
des (mittig) auf dem Boden liegenden Mannes und auf dessen Rücken sitzenden Kindes, aber auch die dunklen Haare des Kindes, die fast wie mit dem T-
Shirt verbunden aussehen, Strickjacke und Pulli der (links unten) sitzenden
Frau und des (3.v. links) stehenden Mannes, der fast schwarze Anzug des
hinten (mittig) stehenden und die dunklen Pulloverärmel und Haare des vorne (rechts) sitzenden Mannes sowie alle Muster auf Kleidungsstücken, Gesichtsteile (wie die Augen und Münder der zwei Frauen und des sitzenden
Mannes der rechten Bildgruppe) und selbst die Blätter und Äste des Baums
im rechten Bildhintergrund sehen eher wie aufgedruckte Flächen auf einem
hellen Grund aus als wie Körperteile von Personen und Gegenständen.

Besonders im Vergleich mit Langes und Rothsteins Aufnahme (Abb. 6 und 7)
wird dadurch erkennbar, dass die Fotografie der Werbefirma (Abb. 12), trotz
ihres vermeintlich weiteren und tieferen referentiellen Raums aufgrund feh-
lender Schatten, Konturen und weicher Übergänge (ähnlich dem überbelich-
teten Gesicht in Abb. 10) beinahe flach und körperlos aussieht.[125] Die extreme

---

125 Rosalind Krauss weist auf einen ähnlichen Aspekt in der Kunstfotografie hin, wenn sie darstellt, dass ein
und dieselbe Aufnahme Timothy O'Sullivans „Tufa Domes, Pyramid Lake, Nevada" (von 1868) zu
Zwecken der Geologie und empirischen Wissenschaft als Fotolithografie mit raumgebenden Schatten
reproduziert wurde, während sie zu Zwecken der Ausstellung in Kunsträumen als Original, d.h. unter
Vorlage der ursprünglichen Entwicklung O'Sullivans, hergestellt wurde. Diese Originalaufnahme ist stark
belichtet, hat nur kurze Schatten und wirkt dadurch kaum raumgebend und flächig. Die Bevorzugung einer
flächigen Raumdarstellung des fotografischen Bildes in Ausstellungen, Museen, Galerien etc. führt Krauss
auf eine Gleichmachung des Fotos mit seiner Umgebung (der flachen, konturlosen Wand eines
Ausstellungsraums) zurück. Ob ähnliche Gründe auch für die verflachte Darstellung der Werbeaufnahme,
durch ihre Einbindung in eine Zeitschrift, Plakatwand o.ä. vorliegen, wäre eine Untersuchung wert. Vgl.:
Rosalind E. Krauss: Die diskursiven Räume der Fotografie. In: Dies.: Die Originalität
der Avantgarde und andere Mythen der Moderne. Schriftenreihe zur Geschichte und
Theorie der Fotografie, Band 2. Herausgegeben und mit einem Vorwort von Herta
Wolf. Aus dem Amerikanischen von Jörg Heininger., durchgesehen und neu
bearbeitet von Wilfried Prantner. Amsterdam, Dresden 2000, S. 175-195.

Beleuchtung zum Zeitpunkt der Aufnahme (sowie vermutlich zusätzliche Bildretuschierungen im Nachhinein, s.o.) hat ein Foto entstehen lassen, das den Personen, die es abbildet, beinahe ihre Personhaftigkeit nimmt. Die dargestellten Gesichter, Hände, Oberkörper, Beine sind nicht nur in sich weitestgehend strukturlos (reduziert auf ihre noch erkennbare Kontur), sondern auch unverhaftet, wie spurlos in einer Umgebung, in der sie keine Schatten hinterlassen und auch nicht durch die Schatten der anderen eingebunden sind. Die einzelnen Kleidungsstücke stehen dabei selbst, wie inszenierte Gegenstände im Zentrum der Fotografie. Die eigentlichen Körper und Figuren der Menschen, die sie bei der Aufnahme getragen haben, sind im Bild fast nicht mehr zu sehen.

In diesem Sinne lässt sich die Werbeaufnahme der Firma Burberry auch als eine verstehen, die zuvorderst Gegenstände und nicht Menschen hervorbringt. Die bewusste schwarz-weiß Darstellung[126] der Aufnahme, die durch ihr starke Belichtung den schwarz-weißen Kontrast noch verstärkt, kann beinahe als Analogie auf das schwarz-weiß karierte Burberry Muster[127] gesehen werden; das im Foto auch am Innenfutter des Korbes, der Decke und (abgewandelt) am Pulli, rechts außen gezeigt wird. Wiewohl die Aufnahme auf ikonografischer Ebene ein Familienpicknick abbildet, so lässt sich der Bruch mit dieser Abbildung, der Widerspruch in der szenischen und formalen Darstellung der Gemeinschaft, den Bohnsack herausarbeit (vgl. Abschnitt 7.2), auf der Ebene der Herstellung des Bildes fortsetzen. Sowenig wie die Darstellung der Einzelnen die Atmosphäre der Zusammengehörigkeit entstehen lässt, sowenig ließ vermutlich die Situation der Aufnahme die Atmosphäre

---

126 Die Fotografie ist im Original einem schwarz-weiß Druck aus der Zeitschrift *Vogue* (2005) entnommen. Vgl. Ralf Bohnsack, a.a.O., S. 59. Da die Zeitschrift auch farbige Anzeigen druckt, ist die Entscheidung also keine notgedrungene.

127 Eigentlich schwarz-weiß kariert, beige hinterlegt und häufig mit einem roten Streifen ergänzt. Der schwarz-weiß Druck kann auch als Hinweis auf die Tradition des Unternehmens, dass (nach eigenen Angaben) seit 1856 besteht, und damit auch die Anfänge der schwarz-weiß Fotografie miterlebte, gelesen werden. Zur Entstehung vgl. die aktuelle Homepage des Unternehmens unter: www.burberry.com , am 10.11.11.

des Picknicks entstehen. Und tatsächlich vergeht einem der Eindruck des Picknicks förmlich, wenn man sich vorstellt wie etliche Lampen, Schirme und Sonnenspiegel die Gruppe umgeben und ausleuchten.

Abschließende Bemerkungen

Wenn die Vorstellung vom fotografischen Bild als Analogon der Wirklichkeit dazu führt, dass auf einem Foto etwas gesehen wird, was es nicht oder nur als Spur, als Hinweis zeigt, dann werden Überreste einer Aufnahmesituation zum eigentlichen Bildinhalt gemacht; fast so als würde ein Foto immer von einer kleinen Geschichte begleitet werden, die sagt: „Schau, hier", „So ist es gewesen."[128] Dabei geht das, was zwischen der Betrachtung eines Objektes, der Betätigung des Abzugs und der Betrachtung eines Bildes passiert, verloren: ein unbeabsichtigter Schatten; eine zufällige Bewegung; ein nicht ausgelöster Blitz; eine Spiegelung in geputzten Schuhen; eine zu ähnliche Farbstruktur, die zwei Gegenstände im Bild gleichmacht; eine zu lange oder zu kurze Belichtung, die die Struktur von Gegenständen, als nur hell oder nur dunkel, erscheinen lässt; der harte Schatten einer Person, der selbst im Bild wie eine (unterbelichtete) Person aussieht oder der kaum vorhandene Schatten, der die Ecke eines Raums im Bild wie eine Gerade Wand aussehen lässt. Das rechteckige Format einer Fotografie lässt alle Gegenstände zu ihren Rändern unausweichlich gerade oder ungerade erscheinen. Der Prozess von der Aufnahme eines Bildes bis zu dessen Entwicklung oder digitalen Bearbeitung verändert ein Foto rudimentär: Bei einer analogen Fotografie ist entscheidend welches Papier zur Entwicklung verwendet wird und in welchem Format, welcher Länge und wie dieses Papier belichtet und chemisch entwickelt wird?[129] Bei einer digitalen Fotografie können durch Bildbearbeitungspro-

---

128 Roland Barthes: Die helle Kammer. Frankfurt a.M. 1989, S. 12 und 87.

129 Zur Entwicklung einer analogen Fotografie wird lichtempfindliches Papier für kurze Zeit durch den „Filter" des Negatives belichtet und überall dort, wo das negativ dunkel war, vor der Lichteinstrahlung geschützt. Bei der Entwicklung des Papiers verändert eine chemische Lösung das so entstandene „Positiv" überall dort in dunkle Flächen (eigentlich Punkte), wo es zuvor belichtet wurde, und lässt all die Stellen hell, die vor der Belichtung geschützt wurden. All diese Schritte sind in Zeit (Dauer der Belichtung und Zusammenführung von Papier und chemischer Lösung), Lichtstärke (der mehr oder weniger geöffneten Lampe bei der Belichtung) und Temperatur (der chemischen Lösung) variabel und führen entsprechend zu einem anderen Ergebnis. Für die Eingangsfotografie von Marco Baringer wurde das Hemd zur Aufnahme

gramme nicht nur Ausschnitt, Kontrast und Helligkeit beeinflusst werden, sondern auch Gegenstände herausgelöst, wegretuschiert und hinzugefügt bzw. ganze Objekte/Personen in einen völlig neuen Raum transportiert werden. Diese Schritte sind Teil der Herstellung von Fotografien. Und selbst wenn digitale Bilder nach ihrer Aufnahme nicht weiter bearbeitet werden, trifft für sie trotzdem zu, dass aus einem Ort ein zweidimensionales Rechteck gemacht wurde.

Diese Arbeit sollte zeigen, dass Fotografien mehr mit der Herstellung von Malereien und der bildenden Kunst gemeinsam haben, als dies gewöhnlich in ihrer Rezeption angenommen wird. Davon auszugehen, dass ein Foto vom Moment seiner Aufnahmesituation, wenn überhaupt nur noch Spuren trägt, ist besonders im alltäglichen Umgang mit Fotografien völlig unüblich. In Zeitungsartikeln, online Nachrichtenportalen, in *WhatsApp* Nachrichten oder auf *Instagram, Facebook, Twitter* uvm. werden Fotografien immer noch als Belege und Illustrationen für Ereignisse und persönliche Erlebnisse eingesetzt. Und auch in den Sozial- und besonders in den Erziehungswissenschaften werden Fotografien häufig illustrativ neben den Text gestellt (etwa Bilder von Klassenräumen, Kindergärten, Spielsituationen o.a.). Dabei wird die Form der Darstellung nur selten reflektiert. Und es wird kaum erwähnt, welche Kriterien bei der Auswahl der Bilder entscheidend waren oder welche Bilder für den beabsichtigten Zweck ungeeignet erschienen, weggelassen oder sogar ge-

---

im Studio über einen Leuchttisch gehängt und zusätzlich mit je einer diffusen Lichtquelle über und hinter dem Hemd beleuchtet. Die Lichtquelle hinter dem Hemd war 3 Blenden dunkler (das entspricht etwa 1/8 der benötigten Energie) als die der anderen beiden Lichtquellen. Das Bild wurde mit einer 9x12 Planfilmkamera (also einem Großformatnegativ) fotografiert, wobei die Blende 22, die Brennweite 150mm und die Belichtungszeit 1/125s entsprachen. Das Negativ wurde für 6 Min. bei 19°C entwickelt. Bei der Vergrößerung (Licht wird durch das Negativ auf ein Fotopapier geworfen, um das Foto herzustellen) wurde das Fotopapier als Ganzes 62 Sec. belichtet sowie der obere Teil zusätzlich 12 Sec. und der untere zusätzlich 32 Sec. (um den oberen Teil des Bildes im Vergleich zum unteren Teil heller erscheinen zu lassen). Dieses belichtete Papier wurde für 2.30 Min., bei 22°C entwickelt und nach seiner Entwicklung zunächst fixiert (stoppt den Entwicklungsprozess), dann gewaschen (entfernt restliche Chemikalien) und schließlich für ca. 3-4h zum trocknen aufgehängt. Das entstandene Bild ist das Ergebnis vieler Versuche, die es schließlich auf diese Art aussehen lassen. (Für die vorliegende Abbildung wurde das Originalbild außerdem digital fotografiert und hier eingefügt.)

löscht wurden.

Dabei denke ich, dass eine bildanalytische Perspektive, wie sie in dieser Arbeit verfolgt wurde, Potential insbesondere für die Beschreibung von Gruppen, -zugehörigkeiten oder Selbstverständnissen von Gruppen haben könnte.[130] Zu fragen wäre dann etwa: gibt es so etwas wie *stilistische Charakteristiken*, die die Bilder einer Organisation, Schule, öffentlichen Einrichtung u.ä. auszeichnen? In welchen Punkten unterscheiden sich die Fotografien, die von einer Organisationen A und einer Organisation B auf deren Internetseiten, Flyern oder in deren Facebookgruppe veröffentlicht werden: welche Gegenstände befinden sich im Zentrum, welche Gegenstände sind am Rand; was wird belichtet, was liegt im Schatten; und was wird überhaupt nicht gezeigt? Möglicherweise lassen sich auf die Art Formen der Darstellung als Zugehörigkeiten zu Gruppen und deren Bildsprache erklären. Nicht anders als dies in den klassischen Stilen der Malerei und bildenden Kunst[131] bereits geschehen ist.

---

130 Aus netzwerktheoretischer Perspektive wären hier Anschlüsse an die Begriffe „Styles" und „Stories" bei Harrison Whites denkbar, in: Ders.: Identity and Control. How social Formations emerge. Second Edition. Princeton University Press 2008. Vgl. dazu auch: Iris Clemens: Erziehungswissenschaft als Kulturwissenschaft: Die Potentiale der Netzwerktheorie für eine kulturwissenschaftliche und kulturtheoretische Ausrichtung der Erziehungswissenschaft. Weinheim 2015; sowie: Jan Fuhse, Marco Schmitt: Zur Aktualität von Harrison White. Einführung in sein Werk. Wiesbaden 2015.

131 Vgl. dazu etwa: Ulrich Reißel, Norbert Wolf: Kunst-Epochen Band 12, 20. Jahrhundert II. Stuttgart 2003; oder: Gottfried Lindenmann, Hermann Boekhoff: Lexikon der Kunststile Band 2, Vom Barock bis zur Pop-art. Reinbeck bei Hamburg 1995.

Literaturliste

Roland Barthes: Die helle Kammer. Bemerkungen zur Photographie. Aus dem Französischen übersetzt von Dietrich Leube. Frankfurt a.m. 1989, S. 12-13, Hervorhebung im Original.

Roland Barthes: Der entgegenkommende und der stumpfe Sinn. Kritische Essays III. Aus dem Französischen von Dieter Hornig. Frankfurt a.m. 1990.

Walter Benjamin: Kleine Geschichte der Fotografie. In: Ders.: Das Kunstwerk im Zeitalter seiner technischen Reproduzierbarkeit. Drei Studien zur Kunstsoziologie. Frankfurt a.m. 1963, S. 45-64.

Philippe Dubois: Der fotografische Akt. Versuch über ein theoretisches Dispositiv. Herausgegeben von und mit einem Vorwort von Herta Wolf. Aus dem Französischen übersetzt von Dieter Hornig. Schriftenreihe zur Geschichte und Theorie der Fotografie, Band 1. Dresden 1998.

Sigmund Freud: Abriss der Psychoanalyse. Einführende Darstellungen. Einleitung von F.-W. Eickhoff. Sechste, unveränderte Auflage, Frankfurt a.M., 1998.

Tal Golan: Sichtbarkeit und Macht: Maschinen als Augenzeugen. Aus dem Englischen übersetzt von Nadine Scheu. In: Peter Geimer (Hg.): Ordnungen der Sichtbarkeit. Fotografie in Wissenschaft, Kunst und Technologie. Frankfurt a.M. 2002, S. 171-210.

Stuart Hall: Rekonstruktion. Übersetzt von Wilfried Prantner. In: Herta Wolf (Hg.): Diskurse der Fotografie. Fotokritik am Ende des fotografischen Zeitalters. Frankfurt a.M. 2003, S. 75-91.

Harald Heim, Kay Michael Kuhnlein: Akt- und Porträtfotografie, Inklusive Fotostyling mit Photoshop. München 2010.

Max Imdahl: Giotto Arenafresken. Ikonographie - Ikonologie - Ikonik. Theorie und Geschichte der Literatur und der schönen Künste. Texte und

Abhandlungen. Hg. Von: Manfred Fuhrmann, Renate Lachmann, Max Imdahl (u.a.). Band 60, München 1980.

Max Imdahl: Cézanne-Braque-Picasso. Zum Verhältnis zwischen Bildautonomie und Gegenstandssehen. In: Ders.: Bildautonomie und Wirklichkeit. Zur theoretischen Begründung moderner Malerei. Mittenwald 1981, S. 9-50. Der Aufsatz erschien erstmal 1974 im Wallraf-Richartz-Jahrbuch, Band 36.

Max Imdahl: Überlegungen zur Identität des Bildes. In: Odo Marquard, Karlheinz Stierle (Hg.): Identität. Reihe Poetik und Hermeneutik, Band VII. München 1979, S. 187-211.

Max Imdahl: Ikonik. Bilder und ihre Anschauung. In: Gottfried Boehm (Hg.): Was ist ein Bild. 4. Auflage, München 2006, S. 300-324.

Rosalind Krauss: Anmerkungen zum Index Teil 1 und 2. In: Dies.: Die Originalität der Avantgarde und andere Mythen der Moderne. Schriftenreihe zur Geschichte und Theorie der Fotografie, Band 2. Herausgegeben und mit einem Vorwort von Herta Wolf. Aus dem Amerikanischen von Jörg Heininger., durchgesehen und neu bearbeitet von Wilfried Prantner. Amsterdam, Dresden 2000, S. 249-276.

Rosalind E. Krauss: Die diskursiven Räume der Fotografie. In: Dies.: Die Originalität der Avantgarde und andere Mythen der Moderne. Schriftenreihe zur Geschichte und Theorie der Fotografie, Band 2. Herausgegeben und mit einem Vorwort von Herta Wolf. Aus dem Amerikanischen von Jörg Heininger., durchgesehen und neu bearbeitet von Wilfried Prantner. Amsterdam, Dresden 2000, S. 175-195.

Pare Lorenzt zitiert nach William Stott: Documentary expression and thirties America. New York, Oxford 1973, S. 61.

Karl Mannheim: Beiträge zur Theorie der Weltanschauungsinterpretation. In: Ders.: Wissenssoziologie. Soziologische Texte 28. Neuwied 1964, S. 91-

154, urspr. 1921-22, darin: S. 91-136.

Maurice Merleau-Ponty: Das Auge und der Geist. Philosophische Essays. Übersetzt von Hans Werner Arndt. Hamburg 1967.

Erwin Panofsky: Zum Problem der Beschreibung und Inhaltsdeutung von Werken der bildenden Kunst. In: Ders. Aufsätze zu Grundfragen der Kunstwissenschaft. Zusammengestellt und herausgegeben von Hariolf Oberer und Egon Verheyen. Berlin 1964, S. 85-97.

Erwin Panofsky: Ikonographie und Ikonologie. Eine Einführung in die Kunst der Renaissance. In: Ders.: Sinn und Deutung in der bildenden Kunst. Aus dem Englichen von Wilhelm Höck. Köln 1975. Original: Meaning in the Visual Arts, New York 1957.

Jean Paul Sartre: Das Imaginäre. Phänomenologische Psychologie der Einbildungskraft. Aus dem Französischen von Hans Schöneberg. Hamburg 1971.

Joel Snyder: Das Bild des Sehens. Übersetzt von Wilfried Prantner. In: Herta Wolf (Hg.): Paradigma Fotografie. Fotokritik am Ende des fotografischen Zeitalters. Band I. Frankfurt a.M. 2002, S. 23-59.

Abigail Solomon-Godeau: Wer spricht so? Einige Fragen zur Dokumentarfotografie. Übersetzt von Wilfried Prantner. In: Herta Wolf (Hg.): Diskurse der Fotografie. Fotokritik am Ende des fotografischen Zeitalters. Frankfurt a.M. 2003, S. 53-74.

Susan Sontag: Über Fotografie. Aus dem Amerikanischen von Mark W. Rien und Gertrud Baruch. Frankfurt a.M. 2006, 17. Auflage. Die amerikanische Originalausgabe erschien erstmals 1977 unter dem Titel „On Photography".

Susan Sontag: Das Leiden anderer betrachten. Aus dem Englischen von Reinhard Kaiser. Frankfurt a.M. 2008, 2. Auflage. Die amerikanische Originalausgabe dieses zweiten Buches erschien erstmals 2003 unter dem Titel „Regarding the pain of the Others".

Internetquellen

Dian Arbus, zitiert nach:

http://aucklandartgallery.blogspot.com/2010/07/thinking-of-diane-arbus.html,, am 01.09.11

Oliver Boberg: www.oliver-boberg.com, am 26.10.11.

Burberry London (Modefirma): www.burberry.com , am 10.11.11.

Quellen der verwendeten Abbildungen

Abb. 1
Enge Gasse, entnommen aus: http://ahg.twoday.net/stories/5974619 (am 10.07.11)

Abb. 2
Enge Gasse, Nepomuk Karbacher. Entnommen aus: <a target='_blank' href='http://bilder.n3po.com/Photos/Enge-Gasse-Sizilien.jpg.html'>Bild "Enge-Gasse-Sizilien"</a> von <a href="http://bilder.n3po.com">bilder.n3po.com</a> (am 20.07.11)

Abb. 3
Zwischenraum zwischen zwei Häusern. Entnommen aus:
http://bilder.n3po.com/Fotografien/Haeuser-Gasse-Enge.JPG.html'>Bild "Haeuser-Gasse-Enge"</a> von <a href="http://bilder.n3po.com">bilder.n3po.com</a> (am 20.07.11)

Abb. 4
Georges Braque: *Femme à la guitarre*. Entnommen aus: Max Imdahl: Cézanne-Braque-Picasso. Zum Verhältnis zwischen Bildautonomie und Gegenstandssehen. In: Ders.: Bildautonomie und Wirklichkeit. Zur theoretischen Begründung moderner Malerei. Mittenwald 1981, dort Abb. 3 (ohne Seitenzahl).

Abb. 5
Walker Evans: *Hotel Porch*, Saratoga Springs, N.Y., um 1930. Entnommen

aus: Joel Snyder: Das Bild des Sehens. Übersetzt von Wilfried Prantner. In: Herta Wolf (Hg.): Paradigma Fotografie. Fotokritik am Ende des fotografischen Zeitalters. Band I. Frankfurt a.M. 2002, S. 23-59, hier S. 31.

Abb. 6
Arthur Rothstein: *Frau eines Tagelöhners*, Arkansas 1935. Entnommen aus: Abigail Solomon-Godeau: Wer spricht so? Einige Fragen zur Dokumentarfotografie. Übersetzt von Wilfried Prantner. In: Herta Wolf (Hg.): Diskurse der Fotografie. Fotokritik am Ende des fotografischen Zeitalters. Frankfurt a.M. 2003, S. 53-74, hier S. 65.

Abb. 7
Dorothea Lange: *Migrant Mother*, 1935: Entnommen aus: Abigail Solomon-Godeau: Wer spricht so? Einige Fragen zur Dokumentarfotografie. Übersetzt von Wilfried Prantner. In: Herta Wolf (Hg.): Diskurse der Fotografie. Fotokritik am Ende des fotografischen Zeitalters. Frankfurt a.M. 2003, S. 53-74, hier S. 65, hier S. 68.

Abb. 8
Haywood Magee: Immigration, Southampton 1956. Entnommen aus: Stuart Hall: Rekonstruktion. Übersetzt von Wilfried Prantner. In: Herta Wolf (Hg.): Diskurse der Fotografie. Fotokritik am Ende des fotografischen Zeitalters. Frankfurt a.M. 2003, S. 75-91, hier S. 77.

Abb. 9
Jacob van Ruisdael: Die Mühle von Wijk, um 1670. Entnommen aus: Max Imdahl: Überlegungen zur Identität des Bildes. In: Odo Marquard, Karlheinz Stierle (Hg.): Identität. Reihe Poetik und Hermeneutik, Band VII. München 1979, S. 187-211, hier Abb. 5 (ohne Seitenangabe).

Abb. 10 und 11
Sergei Mikhailovich Eisenstein: Fotogramm aus dem Film *Panzerkreuzer Potemkin*, Russland 1925.Roland Barthes: Der entgegenkommende und der stumpfe Sinn. Kritische Essays III. Aus dem Französischen von Dieter Hornig. Frankfurt a.M. 1990, S. 53, Abb. 5 und 6.

Abb. 12 und 13
Werbeaufnahme der Firma Burberry aus der Zeitschrift Vogue (2005) und ihre planimetrische Komposition bei Ralf Bohnsack. Entnommen aus: Ralf Bohnsack: Qualitative Bild- und Videointerpretation. Die dokumentarische Methode. Opladen, Farmington Hills 2009, S. 59 und 61.